Jean-Marie Gourio

J'ai soif ! soif ! soif ! mais soif !

ROMAN

cherche midi

Vous pouvez consulter notre catalogue général
et l'annonce de nos prochaines parutions sur notre site :
www.cherche-midi.com

30, place d'Italie
75013 Paris

Mis en pages par Soft Office – Eybens (38)
Dépôt légal : août 2018
ISBN : 978-2-7491-5823-5

J’ai soif ! soif !
soif ! mais soif !

Il ne faut pas que je boive, sinon j'envoie paître tout le monde.

Hier, j'ai insulté mon éditeur par téléphone. Il paraît que j'étais ivre. C'est lui qui me l'a dit. Moi, je ne me souviens de rien. Je suis bien obligé de le croire sur parole. Pourquoi mentirait-il ? Il est élégant et posé, affable. Un bel éditeur avec qui je m'entends très bien. Alors pourquoi l'aurais-je insulté ? Simplement parce que j'étais « ivre » ? Le motif me paraît ténu. Je lui ai posé la question : «Je ne vois pas pourquoi je vous aurais insulté ? » Il a répété calmement ce qu'il avait déjà dit posément : « Parce que vous étiez complètement saoul. – On ne va pas polémiquer là-dessus ! » lui ai-je répondu. Il me semble avoir crié. Il me restait de l'alcool dans le sang. Je crois qu'on s'est quittés en bons termes. Il m'a demandé si le livre avançait. J'ai dit oui, mais non. Le livre n'avance pas. Ceci explique peut-être cela.

Beaucoup d'écrivains insultent leur éditeur. Cela fait même partie de l'attirail des relations qui lient ces deux activités connexes, on peut dire ça comme ça. Céline insultait copieusement Gaston Gallimard, lui envoyant des lettres assez salées, le traitant de voleur, de vieille vache, de maquereau ! Insulter Gaston Gallimard, il faut oser. Il faut être un génie. Céline osait. Céline est un génie. Peut-être reconnaît-on le grand écrivain à la verdeur de ses lettres d'insultes. Il faudrait étudier la question. Je ne suis pas Céline. Mais, si j'en crois mon éditeur, j'ai été particulièrement mufle. « Vous insultez tout le monde, moi, mon assistante, les attachées de presse ! » Céline insultait-il les attachées de presse de chez Gallimard ? Possible. Céline savait insulter le monde. Et même trop, bien souvent. Je regrette pour les attachées de presse. Pour l'éditeur aussi, mais moins. Un éditeur doit savoir se faire insulter s'il veut être un grand éditeur. Gallimard soupirait quand Céline l'insultait. Il ne se plaignait pas. Il souriait, seul, dans son grand bureau de patron, tandis que Céline renversait sur la tête de sa femme la gamelle de nouilles. Voilà deux grands hommes. Et, pourtant, ni l'un ni l'autre n'étaient des saoulards. Céline haïssait les gens qui boivent, les pauvres qui dépensent la paye en vin rouge ou en bière tiède dans les cafés moisis. Céline torchait ses lettres d'insultes sans un coup de vin dans le nez, ce qui est encore plus fort. Je ne m'imagine pas insulter mon éditeur par téléphone sans avoir bu. Impensable ! Il me faut être saoul pour être ordurier. Je suis un faible. Un écrivaillon de bas étage qui a besoin de l'ivresse pour devenir un goujat. Je sens la déprime me reprendre. Il faudrait que je boive un verre. Un petit. Juste un. Ça n'est pas la mer à boire, si je puis dire.

J'ai soif! soif! soif! mais soif!

Or vider un verre, un seul, je ne sais pas faire. Moi, si je bois un verre, après je picole. Et, quand je picole, je fais n'importe quoi. Ça m'a joué de très vilains tours.

J'ai soif! soif! soif! mais soif!

« Le beaujolais nouveau est tellement arrivé que c'est ma femme qui est partie ! »

J'aime bien cette phrase, qui dit bien ce que je vis, ce que je provoque, ce que je subis. Si je bois, je perds la boule, si je ne bois pas, je n'écris pas. Je désexiste, si, si ! Je suis pris entre deux feux, le champ de bataille du boire et celui du non-boire, battu à plate couture des deux côtés. Plus jeune, je pouvais écluser, m'amuser, écrire des livres, sans être pour autant handicapé de la politesse et du bon sens. L'alcool comme un moteur. Je délirais joliment dans une prose de la rue. Aujourd'hui, je suis sec devant la page. Et, si je bois, je suis trempé de la tête aux pieds. Un noyé ! Je rame. Je m'enfonce. Je me perds. Je crie. Je sue. Je pue. Je bois et je rebois d'autant plus. Je m'emporte. Au final, je téléphone. Ce qu'il ne faut surtout pas faire. Appeler quand on est saoul.

Je donnerais beaucoup pour avoir la capacité de boire tout en écrivant, comme les grands écrivains américains. Hemingway tournait au whisky, plusieurs bouteilles par jour, et voyez l'œuvre ! *L'Adieu aux armes, Pour qui sonne le glas, Le Vieil Homme et la Mer*, prix Nobel de littérature en 1954, rien que ça ! Sans lâcher la bouteille. En quel alliage ces gars-là sont-ils faits ? Et Faulkner ! Et Steinbeck ! Et Styron, grands esprits qui ne suçaient pas que de la glace ! Insultaient-ils copieusement leur éditeur par téléphone ? J'imagine plutôt ces icônes littéraires défonçant les portes des bureaux à bord de 4 × 4 boueux pour venir parler boulot, armés jusqu'aux mâchoires, bottés comme des trappeurs. Et William Burroughs ! Il ne fallait pas trop le chercher ! Quant à Truman Capote, gros buveur, ami de Mohamed Ali, autant faire signer un contrat à un ours. Je n'en suis pas. Je gueule par téléphone. C'est tout ce que je sais faire. Pas étonnant que je vende si peu. Mon éditeur assure que, par les difficiles temps qui courent, mes ventes sont plus qu'honorables. Voilà pourquoi je m'énerve quand je suis saoul. Ce genre de phrase réparatrice m'exaspère. Alors, après, j'engueule les attachées de presse. Forcément. Je suis triste et saoul.

Tenez ! J'allais oublier Charles Bukowski, devenu populaire en France pour s'être montré complètement saoul sur le plateau d'« Apostrophes ». Il a dit trois mots, pis, balbutié, débouché une bouteille de blanc, puis il s'est fait virer, et le tour était joué. La bonne affaire était dans le verre. Bukowski devenait célèbre en trois rots sur un plateau. Moi qui ai eu la chance, il y a bien longtemps déjà, d'être invité à cette même célèbre émission de Bernard Pivot, j'y suis allé à jeun. Même pas un petit demi de bière dans le coco, un kir à la fraise des bois, un bel alcool de poire. L'imbécile ! Pauvre petit être chétif et bien élevé ! Communiant ! Dernier de la classe ! S'il y avait un endroit où il fallait insulter tout le monde, à cette époque, c'était certainement là ! Pour acquérir en un temps record ses lettres de noblesse, son diplôme d'auteur désespéré, de poète fou, et devenir une star des lettres, « le maudit ». Sans effort. Franchement, qu'on ne me dise pas que Bukowski avait bien travaillé son apparition. Il a picolé, basta ! La prochaine fois que je suis invité par un média, je ne laisserai pas passer ma chance. Je viendrai ivre et d'entrée j'insulterai toute l'assemblée. Mais, pour cela, il faut finir mon livre et je peine à écrire. Les mots sont douloureux à naître. Qui accepterait de m'inviter, sans livre ? Juste pour se faire insulter ? C8 ? TMC ? Que valent les mots à la télé, quand une bonne cuite vaut un long discours !

J'ai soif! soif! soif! mais soif!

Je n'écris plus. Je pleure. *Pauvre con!* comme le murmurait si bien Gainsbourg, qui a dû en insulter plus d'un, cloué sur le mur de sa nuit douloureuse.

Il n'y a rien d'autre à faire que boire, jouer aux courses, miser sur la poésie. Bukowski me parle. Je suis un schizophrène littéraire. J'entends les voix des grands auteurs vociférer dans le silence. Quand je suis en manque, ils crient. *N'avoir rien accompli et mourir surmené!* Cioran m'accable! *Le comble de l'orgueil, c'est de se mépriser soi-même.* Flaubert m'en veut! Van Gogh m'épate!

Celui-là est un drôle de malin. Ah oui! Sur les 660 lettres qu'il a écrites à son frère Théo pour lui parler de son malheur, de sa difficulté à créer, de ses problèmes d'argent surtout, il n'y a pas une seule missive d'insultes. Il faut avoir la patience de lire le gros volume publié chez Gallimard, *Lettres à son frère Théo*, dans la belle collection L'Imaginaire, pour s'en convaincre. On sait Vincent grand alcoolique, eh bien, vous n'y trouverez pas un mot plus haut que l'autre. Jamais un génie malheureux et fou n'aura aussi bien tenu sa langue. Et je n'imagine pas Gallimard osant caviarder le texte pour le rendre plus propre aux yeux du public. Chez Gallimard, on sourit aux insultes. On est une grande et belle maison familiale. Les lettres honnêtes! Après les sorties assassines de Céline, les injures de Vincent à l'encontre de son frère seraient passées comme lettre à la poste, si je puis dire.

Moi je sais! Le loup Vincent se fait agneau pour avoir des sous, voilà tout! Quand moi je gueule dans le téléphone pour un chèque, lui choisirait plutôt de faire dans la dentelle. Le pervers. (Je mets tout ça au conditionnel, pour éviter les procès.) C'est bien triste à dire. 549 pages sans accroc majeur, impossible pour un alcoolique qui se coupe l'oreille et se tire des coups de pistolet dans le ventre à tout bout de champ. La première lettre date d'août 1878. L'avant-dernière de juillet 1890, la toute dernière enfin étant sans date. On aurait pu normalement s'attendre à quelques dérapages du genre : « Envoie-moi du pognon, enfoiré ! Sale radin ! » ou bien : « Je n'ai rien reçu de l'argent promis, vieille tarlouze ! » Mais non. Pas un cri. Pas un poing levé. Venant d'un fou furieux, c'est bien étrange. Théo n'aurait-il pas détruit les lettres les plus explosives à son endroit pour ne garder que les plus civiles ? Pareil pour les tableaux du maître. Rien qu'à regarder *La Chambre de Vincent à Arles*, peint en 1888, juste avant son internement en hôpital psychiatrique, rien qu'à observer ce lit bien fait, cette table où repose un livre, tout ce calme, cette serviette accrochée au clou du mur, houla ! Aucune bouteille de vin nulle part, nul scintillement d'un verre brisé, pas une chaussette trouée abandonnée sur le plancher, pas un slip collé au plafond, pas une poussière.

Van Gogh, il était peut-être fou, mais il faisait son lit !

Je soupçonne Théo d'avoir détruit les « Chambre de Vincent au lit sale et défait », les répugnantes « Chambre de Vincent au caca sur le plancher », ou autres « Chambre de Vincent au vomi sur le mur », peintes, celles-là, par un Vincent fou et en crise qui serait, pour moi, le vrai grand peintre Vincent Van Gogh. Le *Champ de blé aux corbeaux*, triste et sombre barbouille, ajoutez-y cette vieille église penchée qui donne bêtement de très jolies cartes postales, et voilà tout ce qui nous reste de la violence incandescente d'un génie alcoolique et dément. Foutaises !

J'ai soif! soif! soif! mais soif!

Théo nous aura caché la face noire et belle de son frère. Théo n'est qu'un pauvre petit-bourgeois malfaisant. Garde ton sale argent, Théo Van Gogh ! Peut-être devrais-je lui écrire une lettre pour l'insulter et venger le beau Vincent, puis m'en aller au musée où est exposée cette chambre bien proprette et renverser du vin violet sur le triste lit de l'artiste fait au carré. Me moucher bruyamment dans la serviette suspendue comme il devait le faire, lui, le bel incendiaire. Et finir en prison, ah oui, l'aubaine ! J'appellerais mon éditeur afin qu'il m'envoie des sous. Pour cantiner. On ne refuse pas un chèque à un auteur emprisonné. Je ne serais pas saoul. En prison circule de la drogue, mais y a-t-il du vin au tonneau ? Je ferais ma demande d'une avance poliment et sans brailler. Je serais aussi doux que Van Gogh a su l'être. Ça devrait marcher. En revanche, l'idée d'une politesse avec mon éditeur alors que je suis emprisonné m'insupporte. Un écrivain retenu dans les geôles doit hurler sa haine et son combat. Il faudrait que je téléphone à mon éditeur pour hurler, à jeun, ma haine et mon combat ? Oui. Bof. Je vais me répéter mais, sans l'alcool, je ne suis rien de vaillant. Ni bon écrivain ni grand gueulard…

L'ivresse me manque terriblement. État poétique libératoire passager que je transforme irrémédiablement en grave saoulographie. Rien que le mot « saoulographie » me déclenche. J'ai soif! Plus je dis que j'ai soif et plus j'ai soif. C'est bouillant. Dans la poitrine. Surtout, ne pas boire !

Tout me ramène à l'idée de l'alcool. La littérature, la peinture, la musique. Saviez-vous que l'autopsie de Beethoven dévoila des organes rongés par l'alcool ? Glenn Gould m'intrigue, qui mangeait très peu, ne buvait pas, passait sa vie entière assis devant son piano. Immense génie sans une goutte de feu dans le sang. Lui et Céline sont pour moi des mystères. Je ne les imagine pas du tout boire en cachette. Quoique… Céline a fait tant de choses en cachette ! Mozart picolait, c'est bien connu. Colette, la Bourguignonne, aimait, je crois, le vin. Normalement, on ne peut rien faire bien sans boire. Depardieu, minimum quinze litres par jour. Et Duras, la grande Marguerite. Insultait-elle son éditeur par téléphone, saoule et seule dans la nuit, depuis sa maison de Neauphle-le-Château ?

Quand je me couchais, écrit-elle, *je me cachais le visage. J'avais peur de moi. Je ne sais pas comment, je ne sais pas pourquoi. Et c'est pour ça que je buvais de l'alcool avant de dormir. Pour m'oublier, moi. Ça passe tout de suite dans le sang, et après on dort. C'est angoissant la solitude alcoolique.*

Merveilleuse Marguerite. Terrible aussi. Forcément terrible. J'avais envie de rire, et je pleure à grosses larmes. Mauvais présage.

Maintenant, tous les jours, le dieu au visage ardent conduisait tout nu son quadrige enflammé à travers les espaces du ciel, et sa chevelure d'or flottait au vent d'est au même moment déchaîné.

J'ai reconnu sa voix. C'est Thomas Mann qui me veut du mal !

Si je n'écris pas, je deviens fou. J'attends qu'il se passe quelque chose, en fixant le mur. Qu'il se passe quoi ? Je ne sais pas. Que peut-il se passer sur un mur ? Qu'il se lézarde ? Qu'il prenne l'humidité ? Qu'il se recouvre de salpêtre ?

« C'est Napoléon qui a ramené le saucisson d'Égypte. »

J'ai soif! soif! soif! mais soif!

Qui me parle? Ces voix que j'entends me font bouillir le cerveau. Pourquoi me harceler avec le saucisson de Napoléon? Quand j'écris, je deviens fou aussi. J'attends encore devant l'écran bleu qu'il se passe quelque chose, et je ne sais toujours pas quoi.

Alors je bois. Quand j'ai trop bu, je deviens fou. Assommant, à force! Mon éditeur résume aisément la situation: « Vous êtes un chieur. » Qu'il travaille avec Nicolas Gogol, il comprendra ce qu'est un véritable chieur! Dépression, mysticisme, vodka à gogo, sabre au plafond! Oui, je sais que Gogol est mort. Mais les grands auteurs ne meurent jamais! C'est pour cela qu'on écrit. Un bon éditeur doit pouvoir converser avec un auteur mort depuis un peu moins de deux siècles. Combien de fois a-t-on réédité la Bible? Il y a bien des papiers à signer, non?

« Un chieur »?

Je suis exigeant, voilà tout. Avec les autres et plus encore envers moi-même. Souvent, je saute le repas de midi pour ne pas quitter mon écran bleu. Pour ne pas m'éloigner de l'intrigue à venir, qui ne vient toujours pas. Je me martyrise. Je me supplicie, je n'ai pas peur du mot. La picole est mon réconfort, et on m'en fait reproche. S'il préfère publier un ver à bois, qu'il ne se gêne pas! « Mémoires d'un ver à bois ». Je devrais peut-être me lancer dans le récit de la vie monacale d'un ver dans le cadre en bois de *La Joconde*. Photographié chaque jour par des milliers de Japonais, imaginez sa vie! la vie du ver! Je crois que Julian Barnes a déjà eu l'idée, le parasite du bois vit dans le cadre du tableau *Le Radeau de La Méduse*. Si mes souvenirs sont bons. Mais les souvenirs sont rarement bons.

Et Barnes, un sacré gaillard ! Bourbon, grand bordeaux, champagne de grande marque ! Et Peter Mayle ? Toujours photographié en terrasse devant un verre de vin. *Hôtel Pastis*, *Un bon cru*, *Le Bonheur en Provence*, tout ici empeste la tapenade, la flemme et le pastis. Pour le faire écrire, celui-là ! *Aventures dans la France gourmande*, lisez le chapitre « Envol de bouchons en Bourgogne », et vous comprendrez. Et John Irving ? Carrure de joueur de football américain, chemise à carreaux, combien de bourbons et de Martini dry par jour, au bord de la piscine, à lancer des bâtons à ses chiens hawaïens, jusqu'à se jeter lui-même à l'eau et nager nu sous la lune, telle une baleine des lettres ? Hein ?

Moi, au moins, je ne vais pas m'enivrer au soleil du Sud. Je reste enfermé chez moi. À ruminer. Un écrivain rumine. Tourne en rond dans son bureau et pas dans les collines. Un écrivain n'est pas un peintre. Je tourne en rond dans mon bureau, dans la cuisine, j'arrive même à tourner en rond dans le minuscule couloir, une performance. Je pourrais tourner des heures en rond dans les cabinets. Je le fais parfois. Quand j'ai vraiment trop bu et que je ne sais plus. Je recherche ma maison. J'ai peur d'être séquestré dans les toilettes d'un bar dans je ne sais plus quelle rue malfamée. J'écoute les voix qui pourraient m'arriver du comptoir. Quand j'ose sortir, je retrouve le couloir de ma chambre et mon lit. L'aventure est sans fin. On dirait du Kafka. Le grand, l'immense Franz, je ne vous en parle même pas. Tout le monde connaît la réputation de l'oiseau de nuit buveur de sangria.

Je reviens à Duras, la belle, la triste, l'affolante, décrivant la mort d'une mouche à trois heures vingt de l'après-midi, sur le sol de sa maison, contre un mur, dans le silence.

J'ai soif! soif! soif! mais soif!

Voir comment cette mort progressivement envahirait la mouche. Et aussi essayer de voir d'où surgissait cette mort. Du dehors, ou de l'épaisseur du mur, ou du sol.

Tout ça à quatre pattes. Tout le monde n'est pas capable d'une folie pareille, d'une solitude de cette intensité.

Enfermé dans mes cabinets, saoul, à trois heures du matin, cherchant comment revenir au réel, je ne suis pas au niveau de ce grand écrivain. Comment devenir Duras ? Quoi boire ? Observer et m'émouvoir de la mort d'une mouche.

La mort d'une mouche, c'est la mort. C'est la mort en marche vers une certaine fin du monde, qui étend le champ du sommeil dernier. On voit mourir un chien, on voit mourir un cheval, et on dit quelque chose, par exemple, pauvre bête… Mais qu'une mouche meure, on ne dit rien, on ne consigne pas, rien.

Duras l'a fait. Exprimé. Consigné. C'est à lire dans *Écrire*, toujours chez Gallimard. On peut affirmer qu'ils en auront édité, des génies qui boivent en regardant mourir les mouches, d'autres génies qui ne boivent pas et qui bouffent des nouilles en regardant mourir les juifs. Je préfère boire et regarder mourir les mouches. Je ne suis pas le grand Céline lâche et assassin ! Je ne suis pas Duras la grande vivante. Mon éditeur préférerait que je sois l'un d'eux, peut-être. Je ne sais pas. Je ne le crois pas. Si je n'étais pas certain de son soutien, je ne l'insulterais pas au téléphone quand je suis ivre. Je sais ce qu'il me répondrait : « Vous me faites trop d'honneur. » Et il aurait tort. Je ne lui fais pas assez d'honneur.

On ne fait pas assez honneur aux éditeurs sans qui les livres n'existeraient pas. On peut leur reprocher beaucoup de choses, mais, sans eux, quel désert ! Il a bien fallu qu'un éditeur publie Dostoïevski pour que nous le lisions aujourd'hui, il aura bien fallu que le patron de la maison Macmillan and Co édite en 1865 *Alice au pays des merveilles* pour que cette petite fille enchante encore la terre sur laquelle nous vivons. Il aura fallu Jérôme Lindon pour que nous lisions Beckett et Claude Simon. Et Francisco de Robles, éditeur du roi, pour que nous puissions nous régaler du *Don Quichotte* de Cervantès qu'il publia en septembre 1604. C'est quand même du boulot, tout ça ! Louons le travail du Club français du livre en 1949, puis Buchet/Chastel en 1950, enfin Grasset en 1987 pour que nous puissions tenter notre chance à lire *Au-dessous du volcan*, de Malcolm Lowry. Alléluia !

C'est dit. Je peux recommencer à téléphoner à mon éditeur, complètement saoul, mon cœur est pur. Je suis franc comme l'oiseau qui vient de naître, saute du nid, tombe dans le verre. Piou-piou ! Il est des nôtres, il s'est noyé dans le vin comme les autres !

J'utilise le peu de force mentale qui me reste à chanter des bêtises. Il faut que j'écrive ce livre, absolument, sinon tout ça finira mal. Loin du beau texte de Duras *Des journées entières dans les arbres*, voilà que je me joue le nanar « Des journées entières en slip ». Je suis un privilégié et je gâche mes chances. Personne ne pleurera sur mon sort. Si. Mon éditeur peut-être. Le seul qui, je crois, me comprend. Il ne pleurera quand même pas ! Il regrettera sincèrement tout ce gâchis. Et, me voyant sombrer totalement, il s'en ira prendre un autre auteur saoul au téléphone. Je ne sais pas si j'aurais, comme lui, la patience d'écouter au téléphone pendant des heures des gens aussi pénibles que moi. Cet homme est un saint !

Il faudrait que je l'appelle et que je lui esquinte les oreilles : « Vous êtes un saint ! » Mais, à jeun, je n'oserai jamais. Il me faudrait un petit verre. Un coup de blanc, un seul. Un demi. Ou deux. Trois, maxi ! De toute façon, la bière, ce n'est pas de l'alcool. Depardieu dit la même chose quand il parle du vin : « C'est pas de l'alcool ! Hi hi ! hi hi ! » La bière est un liquide qui désoiffe et qui fait faire pipi. Un demi bien frais ! Bien moussu. Joufflu. J'en rêve. Mais, si je mets le nez dedans, le rêve tourne automatiquement au cauchemar.

Il faut que je me remette au travail. L'écriture me fixe. Quand je n'écris pas, tout me lâche. Le temps, les choses. La vie. Quand j'écris, je regarde mieux. Je sens mieux. Je peux marcher dans les rues et tout ce que je vois entre dans le livre. Tout devient art. Un visage, une lumière, un éclat de voix. Tout s'alourdit d'un sens nouveau, joli, vivant. Je peux être surpris à la vue d'un poulet qui cuit, m'arrêter de longues minutes devant la boucherie pour observer. Façon Marguerite Duras. Esbaudie devant la vitrine du boucher de la rue Jacob. En transe. En état de voyage, « ni haut, ni bas, ni là, loin », c'est ce qu'aurait dit Marguerite. « Loin, forcément loin, si près, le poulet. » Elle l'aurait dit bien mieux que moi. C'est la différence entre nous deux. Je n'ai pas eu le Goncourt avec *L'Amant*.

Elle ne le regarde pas. Elle le touche. Elle touche la douceur du sexe, de la peau, elle caresse la couleur dorée, l'inconnue nouveauté. Il gémit, il pleure. Il est dans un amour abominable.

Il faut que je me calme. Écrire. Comme voyager dans un pays inconnu. Tout dépayse. Tout mérite observation. Les maisons. Les voitures. Les vêtements. Les coiffures. Les publicités sur les murs. Les mots sur les panneaux. Les odeurs. Tout est neuf, alors que, dans son propre pays, plus rien n'attire.

Écrire, c'est partir à l'étranger. Ne pas écrire, c'est rester immobile et vivre à l'ordinaire.

Ressasser et ressasser encore.

Écrire ce gamin qui joue dans un square et tout redevient pure joie, découverte, le soleil et les cris, les pas de l'enfant, ses cheveux, ses vêtements, ses rires.

Ne pas pouvoir écrire me rend aveugle et sourd. L'alcool m'aidait. Mais l'alcool aujourd'hui, s'il m'aide à m'envoler, ne m'aide pas à atterrir, car la douce ivresse passée voilà que je m'écrase, non pas au sol, mais au réel. Je ne suis pas ivre, mais bourré, j'insulte.

« Être une heure, une heure seulement, comme aurait pu le chanter Jacques Brel, être une heure, rien qu'une heure durant, saoul, saoul, et intelligent à la fois ! Tagadac ! Tagadaga ! »

Brel m'a donné terriblement soif. C'est insupportable ! Je sors me balader une heure. J'en bois un, ou deux, et puis je rentre sagement. Il faut que j'avance sur mon livre. C'est vital ! Un demi, ou deux, pas plus de trois, basta !

J'ai dû tomber, je ne sais où. Quelle heure est-il ? Je me suis réveillé dans la baignoire. Je porte aux pieds des chaussures qui ne sont pas les miennes. Pointues. Au moins du 45. J'ai les yeux rouges, une bosse sur le front. On dirait du Jérôme Bosch.

Tenez ! Lui ! Jérôme ! Le grand peintre du mal, l'orgiaque, le fou, le satanique, il devait en boire aussi, et pas qu'un peu ! Les cochons habillés en bonnes sœurs, les accouplements de jeunes filles blondes avec des animaux lubriques, les corps démembrés. J'aimerais savoir ce qu'il racontait à son protecteur de l'époque. Il a dû en entendre, le monsieur, le mécène bousculé, piétiné, insulté, fourré dans de sales draps, des vertes, des sales et des trop mûres.

Mon éditeur peut s'enorgueillir d'être tombé sur moi, un ange.

Tous ces corps salis, torturés, sous le pinceau du pochard médiéval ! Ces visages grimaçants et verts !

Il y a du vin par centaines de tonneaux dans ce travail hystérique, et sans doute de l'ergot de seigle. Voyez son

Triptyque du vagabond. Alcool ! Squelettes ! Corps nus dans l'herbe ! Tonneaux ! Le vice par pleins tombereaux ! Même moi, qui en ai bu des sévères, j'hésiterais à aller me saouler dans ses tableaux.

Et Bacon ! Qu'on ne me dise pas que Francis buvait de l'eau ! Qu'il était toujours net, gentil, poli et à l'heure. *Personnage avec quartiers de viande* ne laisse pas le moindre doute sur sa consommation de produits liquides ! Voyez ses autoportraits terrifiants. On dirait moi quand j'émerge le matin ! Regardez *L'Embarquement pour Cythère*, de Watteau. Ça n'est pas la fête de la bière, non, mais j'y sens tout de même un relent de muscat et de kir à la mûre. Par-ci par-là des couples rigolent, l'air niais. Ça se pince les fesses. Si, si ! Ça sent le relent !

Sur l'historique de mon téléphone, je vois que j'ai téléphoné deux fois à mon éditeur. Aïe ! S'il rappelle, je citerai Bosch. Bacon ! La folie ! L'apéritif du diable ! Insister sur le fait qu'il s'en sort bien avec moi, qui ne suis qu'un branque des lettres. Un demi-sel. Je m'emporte souvent, c'est vrai. J'insulte, d'accord, je veux bien croire. Ne chipotons pas. Je hurle des insanités, soit, mais jamais plus que ça. J'essaie d'y mettre un peu d'humour. Je vois que j'ai téléphoné aux pompiers. À l'ambassade de Turquie ! Chez Fauchon. À Stobli. Qui est ce Stobli à qui j'ai passé quatre coups de fil dans la nuit ? Je n'aurais jamais dû sortir ! Un verre ou deux, pas plus !

Si on sonne, je n'ouvre pas !

Van Gogh n'ouvrait jamais quand on frappait à sa porte. Gauguin a dû passer des heures sur le palier, à crier, à cogner. Ils habitaient ensemble, à Arles, sauf quand Vincent fermait la maison à clé après avoir trop bu. Tout ça a mal fini. Dans une lettre datée du 2 janvier 1889, toujours adressée à son frère Théo, Van Gogh écrit :

À présent, causons de notre ami Gauguin, l'ai-je effrayé ? Enfin pourquoi ne me donne-t-il pas un signe de vie ? Il doit être parti avec toi. Il avait d'ailleurs besoin de revoir Paris, et à Paris peut-être il se sentira plus chez lui qu'ici.

Il l'a laissé dormir tant de fois sur le palier que le peintre astral a préféré mettre les bouts. Quel gâchis !

Van Gogh aurait moins bu, il serait peut-être encore vivant.

Et si Gauguin avait moins couché à la fraîche, pareil.

On peut rêver. Le rêve n'est-il pas le centre de tout ? Giono, dans sa maison au-dessus de Manosque, magnifiques paysages s'il en est, écrivait à sa table, orienté face au mur. L'angle de vue ainsi rétréci lui ouvrait le champ du rêve, cette page qu'il était en train d'écrire, paysage de papier et d'encre qu'il s'était donné pour tâche de faire exister.

Volontairement aveugle, pour mieux voir.

Bel exemple de grand style. Moi-même je m'essaie à la réduction du champ. J'obstrue mes fenêtres de cartons, pour stopper la lumière. J'habite une petite maison presque identique à celle de Charles Bukowski, à Los Angeles, un petit pavillon vert pomme, entouré de pavillons tout aussi vert pomme, dans un faubourg de Bordeaux. Ou de Nancy. Je sors peu, et le nom de la ville m'est assez indifférent, en fait. Je quitte mon domicile surtout de nuit. Et la nuit, tout se ressemble. Bordeaux. Nancy. Reims. Certains étés, j'entends les cigales. Il se peut que ce soit un quartier périphérique de

Toulouse. Ça m'étonnerait. Au matin, j'entends des lions. Je vis au centre de Roubaix ? Non plus. Je contemple la lumière tournante de la tour Eiffel au large d'Ouessant. Ça sent la mer. Y a-t-il un zoo à Ouessant ? Pour qu'y dorment les lions ? Y a-t-il des rades à Poissy ? Pour qu'y flottent les bateaux ? La nuit, tous les bleus sont gris. Le gris sourit. J'aime le jeu de mots. Sur le courrier que je reçois, il est écrit « Vincennes ». J'habite Vincennes. Il y aurait des cigales à Vincennes ? Réchauffement climatique ?

J'ajoute que Bukowski, lorsque l'on sonne chez lui, ouvre la porte, contrairement à Van Gogh, qui se cache.

Il a un énorme bedon blanc et une tronche vérolée de vieil hobereau prussien. On dirait un pavillon témoin des années 1950. Et partout des bouteilles de bière. Vides. Sur la moquette archi-usée. Sur les accoudoirs des fauteuils. Dans les plis de l'édredon sur le lit. Sous les chaises. Dans une poubelle. Au moins deux cents bouteilles de bière. Beaucoup de Budweiser. À part ça, rien, sauf une machine à écrire sur une petite table et une dizaine de livres qui traînent là un peu au hasard.

La machine à écrire, les livres, les bières. Le trio magique. Il ne faut pas que la bière l'emporte sur la machine, ce qui serait mon cas.

J'aime les livres. J'en monte des murs autour de ma table de travail, comme pour me protéger d'un vent mauvais de la bêtise humaine. « Le vent mauvais de la bêtise humaine. » On croirait du Zola, écrit par moi !

J'adore *Le Ventre de Paris*. Difficile à lire. Je veux dire qu'il est difficile d'aller jusqu'au bout. C'est un livre qui fait boire, et je bois. Je commence à avoir soif page 34, à déboucher le blanc page 40 et à picoler sec à partir de la page 45, quand le héros Florent découvre le pavillon des viandes, et je ne cesse de biberonner jusqu'aux étals de charcuterie.

Quelle écriture magnifique ! Les mots sentent ce qu'ils expriment. Stupéfiant ! Ce bouquin va en chantant. J'imagine qu'il ne faut pas boire pour écrire de si belle manière. On va m'objecter que je cherche l'alcool partout. Qui le demande ? Mais ces voix que j'entends le jour et qui murmurent à mon oreille, la nuit. C'est bien possible que le vin m'obsède.

Au tournant d'une rue je vis des matelots / Qui dansaient le cou nu au son d'un accordéon / J'ai tout donné au soleil / Tout sauf mon ombre.

Mon bel Apollinaire ! J'ai soif! mais soif! J'entends l'alcool dans la musique. Pierre Boulez ! Le gin dirige l'orchestre. Pif! Paf! Boum ! Ding ! La partition vacille et chancelle ! Non ? Mais oui ! *Le Marteau sans maître*, œuvre pour ensemble et voix, écrite entre 1953 et 1957, le titre veut bien dire ce qu'il veut dire ! Boum ! Pif! Paf! J'invente ? Arrêtez-moi si je déraille. Aïe ! Un œuf bleuté m'a poussé en plein milieu du front.

J'ai une sale tête. On croirait l'*Homme à la sucette*, de Pablo Picasso. Que des creux et des bosses. Picasso et Boulez, sarabande pour une gueule de bois !

Qu'est-ce que j'ai pu faire cette nuit ?

Ces chaussures pointues du 45, que j'ai ramenées à mes pieds et qui ne sont pas les miennes, sont de style mexicain, avec un lézard en cuir vert piqué sur le dessus. Il faut bien mesurer deux mètres pour avoir des pieds grands comme ça. Je me souviens avoir bu un rhum au Tombouctou, mais sinon rien. Il ne m'en faut pas, du rhum vieux, je le sais. Je pars en fusée. Les mojitos non plus. Pas de whisky, et surtout pas de gin ! De la bière et du vin. Je suis retraité du foie. Je clos toujours les repas avec mon éditeur d'une vieille prune ou d'un bas-armagnac, et du coup je m'énerve.

Que de la bière !

Dans *Au sud de nulle part*, Bukowski parle beaucoup de scotch. Encore lui ! Beau fantôme. Ces Américains m'épatent. Sa maison de bières. Effronté, imbibé de blanc, à « Apostrophes ». Des litres et des litres de scotch dans les bars. Le bonhomme a pondu une œuvre qui a marqué la littérature. Bukowski est unique. Un sportif. Boxeur comme Hemingway. Un cogneur. Je l'entends qui me hurle à l'oreille.

« Quand on ne sait pas boire, Dugland, on n'écrit pas ! »

J'enrage d'être ce que je suis. Un petit. Un danseur de bal. Les mots pourtant me font chavirer. Mener à bien un texte, quel bonheur ! Décrire une sensation. Trouver le mot juste. Voir un monde naître sous ses doigts, précis sur le clavier.

Les lettres, une à une, vont griser l'écran vide.

Je t'aime, un peu, beaucoup, passionnément. Ajouter, un à un, les pétales à la fleur. Je t'aime à la folie ! Je t'aime à la folie ! Folie ! Folie ! Folie ! Folie !

J'ai vu que cette nuit, en rentrant, je me suis mis au clavier pour écrire. Voilà ce que j'ai pondu : « L'œuf est cuit. L'œuf est cuit. L'œuf est cuit. L'œuf est cuit. L'œuf est cuit. L'œuf est cuit. » J'ai rempli quatre écrans et demi de

J'ai soif! soif! soif! mais soif!

ces mots inlassablement répétés. « L'œuf est cuit. L'œuf est cuit. L'œuf est cuit. » J'ai compté. 354 « L'œuf est cuit » par écran. 1638 « L'œuf est cuit » en tout.

Il y a dans le film *Shining* de Stanley Kubrick une scène où le héros, Jack Torrance, professeur qui se voudrait écrivain, joué par Jack Nicholson, devenu fou dans cet hôtel isolé par la neige en montagne, écrit sur des centaines de pages toujours la même phrase. Il n'écrit pas « L'œuf est cuit », mais *Un tiens vaut mieux que deux tu l'auras*, des milliers et des milliers de fois, mais je n'en suis pas certain. Il faudrait vérifier. Qui le fera ? Apollinaire ? Flaubert ? Cioran, qui me parle la nuit ? Dites-moi ce qu'écrit Torrance ! Je pourrais hurler des heures, m'arracher la peau du visage de mes ongles que personne ne me répondrait. Les grands écrivains sont égoïstes.

« Dites-moi ce qu'écrit Torrance. Dites-moi ce qu'écrit Torrance. »

Je pourrais écrire cette phrase unique des dizaines de milliers de fois, en couvrir des milliers de feuillets. Des millions de pages ! Je suis fatigué. Dites-moi ce qu'écrit Torrance.

Je vais écrire 250 000 fois « Dites-moi ce qu'écrit Torrance » et l'envoyer à mon éditeur. Il comprendra ma pensée. Il devrait me téléphoner en milieu de matinée pour me suggérer de ne plus l'appeler quand je suis saoul. Peut-être même de ne plus l'appeler du tout. Du tout ! On devait déjeuner bientôt. Je devais lui parler de mon livre, que je n'arrive pas à écrire.

La solitude de l'écriture, c'est une solitude sans quoi l'écrit ne se produit pas, ou il s'émiette exsangue de chercher quoi écrire encore, écrit Duras.

Quand je suis malheureux, toujours, je me réfugie dans les bras de Duras. Je m'installe sur ses genoux.

Je ne sais pas si Duras aimait les enfants. J'aurais aimé être son fils. Peut-être m'aurait-elle détesté ? La détestation venant d'une mère pareille m'aurait aidé à écrire, je crois. Je retrouve quelques mots de Duras sur les enfants, elle dit : *Un enfant c'est toujours mystérieux.* C'est peu, ce que je retrouve.

J'aurais aimé boire avec elle, dans la petite cuisine de sa maison. Me saouler avec elle. Pleurer avec elle aussi, surtout pleurer. Pleurer avec Duras m'aurait fait un bien fou. Je ne sais pas si Duras aurait aimé pleurer avec moi. J'aurais aimé ça, à la folie.

Elle m'aurait méprisé.

J'aurais beaucoup souffert.

Je l'aurais écrit.

Alors Duras aurait dit : « C'est mauvais. »

Je lui aurais cassé une bouteille sur la tête. Un fils maudit. Ça aurait plu à Duras, je crois, ce fils qui frappe sa mère parce qu'il ne peut pas écrire son livre. « Dites-moi ce qu'écrit Torrance. »

Cette musique des mots ressemble à un titre durassien. Ou bien à un roman de Sagan, qu'elle aurait pu écrire entre deux soirées casino. *Bonjour tristesse, Dans un mois, dans un an, Aimez-vous Brahms…*, « Dites-moi ce qu'écrit Torrance ».

Sagan aussi, j'aurais adoré la prendre dans mes bras.

J'aurais adoré l'aimer.

J'ai soif! soif! soif! mais soif!

En 1998, elle rédige son épitaphe : *Sagan. Françoise. Fit son apparition en 1954, avec un mince roman,* Bonjour tristesse, *qui fut un scandale mondial. Sa disparition, après une vie et une œuvre également agréables et bâclées, ne fut un scandale que pour elle-même.*

Non. Sa disparition fut aussi un scandale pour moi. Comme celle de Marguerite Duras, le 3 mars 1996. Celle de Jérôme Lindon, le 9 avril 2001. Celle de Régine Deforges, le 3 avril 2014. Celle de Maurice Nadeau, le 16 juin 2013. Ce sont toujours les morts qui s'en vont, et les vivants qui restent.

« Entre ici, Maurice Nadeau, avec ton terrible cortège ! »

Pourquoi sont-ils tous morts, et pourquoi, moi, je vis ? Crapaud incapable d'écrire rien, seulement capable de me saouler à mort et d'insulter tout le monde.

J'ai bu du Cointreau aussi, ça me revient. Je rote l'orange.

Je devrais porter une pancarte autour du cou : « Auteur méchant, ne pas servir ». Je suis toujours étonné d'avoir su retrouver le chemin de la maison, après avoir visité je ne sais quels bars, avec je ne sais quels amis de tournée. Vincennes est un cloaque. À moins que ce soit Rouen.

Franchement, je ne me souviens de rien. Il faudrait que je regarde dehors par la fenêtre. Mais, si je décolle un carton et que je regarde dehors, quelqu'un, à l'extérieur, juste au même moment, pourrait en profiter pour regarder dedans. Je ne le veux surtout pas.

Le dedans est à moi, si le dehors est à tout le monde.

C'est au-dedans que mon esprit va et vient à la recherche de l'inspiration. Il faut le territoire vierge de tout regard curieux. Je ne m'appartiens plus, si on me regarde. Je le sens quand je sors. J'évite le regard des passants. Je les contemple sans qu'ils me voient. Je rase les murs. Je me contorsionne.

Parfois, un regard curieux me touche et me déshabille. Me pénètre le cerveau. Je sens l'autre s'installer en moi, y défaire ses cartons. Je renifle la peinture fraîche, de l'âme aux pieds !

Je ne suis plus à moi.

C'est l'autre qui écrit à ma place, dans ce bureau neuf qu'il vient de s'octroyer dans mon petit cerveau à louer. Je veux que les mots soient miens. Rien n'entre dans cet espace blanc de la création.

Chez moi, l'espace de la création est blanc, avec un liseré bleu.

Comme une serviette neuve.

D'un blanc immaculé.

Peut-être trop blanc.

Trop vide.

Ce qui expliquerait pour partie mes difficultés à créer. L'écriture demande un chaos interne, maîtrisé. Une tempête qui sortirait du robinet.

Je voudrais me faire comprendre.

Je me contredis. J'ai la cervelle qui se carapate comme un lièvre qui a vu le chasseur. J'aimerais que Faulkner me réponde.

J'ai soif! soif! soif! mais soif!

Je sais où Faulkner vit, derrière la gazinière. Il s'est fait un abri dans un vieux torchon. Comme un petit animal. Il ne répondra pas. Virginia Woolf a autre chose à faire que m'écouter. Elle a ses propres voix.

La dernière fois que Virginia est sortie de chez elle, c'était le 28 mars 1941, pour se suicider.

Elle le dit dans cette dernière lettre qu'elle écrivit à son mari, Léonard.

Mon chéri, j'ai la certitude que je vais devenir folle à nouveau ; je sens que nous ne pourrons pas supporter une nouvelle fois l'une de ces horribles périodes. Et je sens que je ne m'en remettrai pas cette fois-ci. Je commence à entendre des voix et je ne peux pas me concentrer.

Elle laissera cette lettre pour son mari et sortira de la maison, se dirigera vers la rivière pour se noyer.

Parfois, je relis cette lettre de Virginia comme si elle m'était adressée, à moi. Elle me dit : *Mon chéri.* J'embrasse les mots et je cours vers la porte mais je ne l'ouvre pas. J'ouvrirais cette porte, peut-être sauverais-je Virginia Woolf du suicide ?

J'ai peur d'ouvrir.

J'ai peur de sortir.

Virginia, mon amour.

Je t'ai abandonnée !

Je bois et je me cache.

Il faudrait courir jusqu'à la rivière.

Y a-t-il une rivière à Vincennes ? Sans doute. Ces lions que j'entends rugir à la tombée de la nuit doivent bien aller boire quelque part. Il faudrait demander à Henri Calet, qui a traîné ses guêtres un peu partout. Il a dû se balader dans Vincennes, peut être avec Doisneau, avec Robert Giraud, le poète des bistrots et des rivières de vin.

La nuit a toujours le goût du vin rouge, du beaujolais de préférence, c'est une opinion toute personnelle d'accord, mais je ne peux entrer dans un bistrot ouvert le soir sans qu'immédiatement mon verre soit là servi sur le zinc, écrit-il en ouverture de son beau livre *Le Vin des rues.*

Peut-être a-t-il bringué avec Perec ? Georges Perec a fait son armée, il est certainement passé par le fort de Vincennes. Le connaissant, il a du tout classer : les rues qui commencent par L, les places avec arrêt de bus et les places sans arrêt de bus, les allées dont le nom contient celui d'une fleur, les contre-allées aux accents militaires. Si quelqu'un aura méthodiquement quadrillé Vincennes et saura s'il y coule une rivière, c'est bien Georges Perec.

Lui, qui « se souvient ».

Dites-moi, Georges !

Je me souviens des scoubidous.

Je me souviens de Prosper youp-la-boum.

Je me souviens de Bébé Cadum.

Je me souviens du nageur Alex Jany.

J'ai soif! soif! soif! mais soif!

Sa voix égrène des *Je me souviens* qui ne m'apportent aucune aide. Peut-être m'égarent-ils plus encore. Pourquoi Georges Perec que j'admire me veut-il autant de mal ?

Je me souviens de Paul Ramadier et de sa barbiche.

Je me souviens que Stendhal aimait les épinards.

Je me souviens de Farrebique.

Je me souviens de Christine Keeler et de l'affaire Profumo.

Je me souviens que j'ai soif. Je ne tirerai rien de lui. Perec est un auteur qui n'en fait qu'à sa tête, qui se souvient de Sabu, de Jacques Goddet et de Georges Briquet, du yo-yo, du hula-hoop, et me laisse seul avec mes angoisses.

Je ne me souviens de rien !

Qu'y a-t-il dehors ?

Vincennes et sa rivière ?

Son fort en rillettes ?

Rouen et son port ?

Toulouse, oh ! Toulouse ?

Et s'il n'y avait rien ?

Il faudrait que je regarde.

Dans l'épaisseur du carton qui obstrue la fenêtre de la cuisine, j'ai fait un trou qui me permet de voir dans quelle ville j'habite. De la taille d'une pièce de monnaie. J'y découvre des arbres parfois couverts de feuilles vertes, parfois marron, parfois les arbres n'ont pas de feuilles. Parfois il y a du soleil, parfois il pleut.

À mon avis, la maison bouge. Serais-je sur un bateau qui va entre les arbres ? Suis-je un poisson ?

J'y ai vu le soleil couchant sur le désert et une caravane de chameaux. J'y ai vu passer un troupeau de baleines, leur triste chant pleure encore à mon oreille. Regarder dehors me complique plus la vie qu'autre chose. Je dois m'appliquer à regarder dedans. Le dedans du dedans. Le plus profondément dedans qu'il soit possible de regarder. Le cœur du dedans. Le cœur du cœur du dedans, même. C'est là, dans ce dedans profond, que se trouvent les mots, les vrais mots. Ceux qui méritent d'être écrits.

Somptueuse, toi, ma plume d'or, va sur la feuille, va au hasard tandis que j'ai quelque jeunesse encore, va ton lent cheminement irrégulier, hésitant comme en rêve, cheminement gauche mais commandé. Va, je t'aime, ma seule consolation, va sur les pages où tristement je me complais et dont le strabisme morosement me délecte.

Ce sont quelques mots d'Albert Cohen. Quelques mots, plus quelques mots, plus quelques mots encore. Le chemin n'a pas de fin. Combien de cellules pour la peau de tout un corps ? Combien de mots pour l'œuvre de Mishima ? Combien de mots pour la peau de Rimbaud ?

C'est un trou de verdure où chante une rivière.

Combien de sang ? Combien de corbeaux ?

J'ai froid.

J'ai soif! soif! soif! mais soif!

Le lendemain d'une cuite, le mieux, c'est de reboire. Mais si je rebois, je me recuite. L'alcool aussi est sans fin. Un long serpent qui se boit la queue.

« L'alcool est un long serpent qui se boit la queue. »

Je devrais écrire des aphorismes pour les gaufrettes. Des pensées pour le calendrier des postes.

« À chaque jour son matin. »

Ce genre de choses est à ma portée. Je boirai d'autant plus que je m'enfoncerai jusqu'au menton dans la détestation de moi-même. En fin de journée, je prendrai mon téléphone pour insulter les gens de la poste, comme j'insulte habituellement mon éditeur.

Qu'est-ce que j'ai dit aux pompiers ?

Et à l'ambassade de Turquie ?

Où suis-je allé boire ?

À qui sont ces chaussures ?

Autant de questionnements sur la vie devraient faire de moi un grand écrivain. Quand Proust s'attarde sur le goût d'un petit morceau de madeleine que sa tante Léonie lui servait le dimanche matin à Combray, dissertation sur ce souvenir qui marquera considérablement son œuvre, moi, je m'attarde sur l'historique de mon téléphone et mes trous de mémoire. Mes digressions sur mes amnésies marqueront-elles considérablement mon œuvre dans le futur ? Proust aurait su trouver les mots. Il manque encore au titre *Du côté de chez Swann* l'adresse exacte de ce Swann et son 06, que Proust ressuscité saurait rajouter, par ce souci du détail qui l'honore.

Je perds mon temps, debout, à parler seul dans la cuisine. Il n'y a pas d'évier ni de table ni de chaise dans cette cuisine.

Je dois être dans le couloir.

Que faut-il qu'il y ait dans un couloir pour que ce soit vraiment un couloir ? « Comment reconnaît-on un couloir ? » En fait, c'est ça la question.

On dirait un titre du grand dramaturge Edward Albee. « Comment reconnaît-on un couloir ? », déjà auteur de *La Mort de Bessie Smith* ou de *Qui a peur de Virginia Woolf?* Je suis fort en titres.

« Dites-moi ce qu'écrit Torrance » ou encore « Comment reconnaît-on un couloir ? »

Mon œuvre non écrite prend forme. Je pourrais la non publier et la non vendre, à l'image du « non-anniversaire » d'*Alice au pays des merveilles.*

Ce couloir fait quatre pas sur un pas, c'est un minuscule boyau. Je suis peut-être dans les cabinets. Quelqu'un m'aura volé la cuvette. J'ai bien raison de boucher les fenêtres avec des plaques de carton. Malgré mes précautions, un voleur se sera introduit et aura dérobé la faïence. C'est encore pire que ce que je pensais. Je perds mon temps à parler seul, debout, dans les cabinets sans faïence.

« Les Cabinets sans faïence ».

On dirait le titre d'un roman d'Alain Robbe-Grillet, comme *Topologie d'une cité fantôme, La Maison de rendez-vous, Souvenirs du triangle d'or,* « Les Cabinets sans faïence ». Le chantre du nouveau roman me gueule à l'oreille. Pas de fuite possible. Nous sommes tous deux enfermés dans les cabinets sans faïence.

Il ne semble guère raisonnable, à première vue, de penser qu'une littérature entièrement nouvelle soit un jour – maintenant, par exemple – possible. Les nombreuses tentatives, qui se sont succédé depuis plus de trente ans, pour faire sortir le récit de ses ornières n'ont abouti, au mieux, qu'à des œuvres isolées.

Comme il a raison, le grand Robbe qui me parle, magistralement, debout à mes côtés dans mes petits cabinets. Le roman sorti de ses ornières n'aura abouti qu'à une œuvre isolée, la mienne. Le non-roman. Le non-écrit. Le non-vendu. Le non-vu. Le non-lu. Un grand mouvement littéraire mort-né. Je devrais m'en réjouir mais j'en suis non heureux. Non assez bourré, sans doute. *L'homme est un animal malade*, écrivait Miguel de Unamuno dans *Le Sentiment tragique de la vie.*

Est-il possible d'échapper à la tragédie ?

Robbe-Grillet continue de hurler dans mes toilettes. Ses cris m'assomment. Heureusement, je n'ai pas de voisins proches, ils n'auraient de cesse de dénoncer ma maison envahie par ces auteurs déments qui montent sur les meubles et me font des discours. Je serais expulsé.

Albert Camus le sait, qui a nommé « absurdité » l'abîme infranchissable qui existe entre l'homme et le monde, entre les aspirations de l'esprit humain et l'incapacité du monde à le satisfaire. L'absurde ne serait ni dans l'homme ni dans les choses, mais dans l'impossibilité d'établir entre eux un autre rapport que d'étrangeté.

Camus me rassure. Je n'y suis donc pour rien. Et la ville de Vincennes n'y est pour rien non plus. Si ma maison aux cabinets sans faïence se trouve peut-être à Rouen. La faute en revient à l'*étrangeté*.

Je suis en sueur. Pourtant, je ne bouge pas. Je parle. Seules mes lèvres bougent. Et encore, je n'en suis pas certain. On peut très bien parler sans la bouche. Il n'y a pas de miroir, dans ces cabinets sans faïence, sinon j'aurais vérifié avec quoi je parle. Ce sera pour plus tard.

Retraçons, à titre d'exemple, le fonctionnement de la « solitude ». J'appelle. Personne ne me répond. Au lieu de conclure qu'il n'y a personne, je décide d'agir comme s'il y avait quelqu'un, mais qui, pour une raison ou pour une autre, ne répondrait pas.

C'est Robbe-Grillet qui la ramène encore. Jamais il ne se tait ? Marguerite Duras se relève. Je ne l'avais pas vue, à quatre pattes, silencieuse, en train de regarder mourir une mouche. Elle porte une vieille robe de chambre. Elle est belle, dans son sacrifice, elle est folle, elle est ivre, elle pleure.

Le nouveau roman tourne en rond, il a atteint son point de chute, personnellement, je ne crois pas à ce mouvement littéraire.

Robbe-Grillet contre-attaque :

L'alcoolisme, le malheur, la drogue, la passion mystique, la folie ont tellement encombré les biographies plus ou moins romancées des artistes qu'il semble désormais tout naturel de voir là des nécessités essentielles de leur triste condition, de voir en tout cas une antinomie entre création et conscience.

Marguerite Duras titube et cherche un appui. Sa main serre mon avant-bras. Les doigts de Duras sur ma peau. Je frissonne. Elle me fait mal. Elle inspire.

J'ai soif! soif! soif! mais soif!

Je suis pour la destruction de tout ce qui est, y compris de la mémoire, y compris de l'histoire, dit-elle. *Plus l'écriture est éloignée du didactisme, plus elle est dangereuse. Baudelaire est plus dangereux que Marx. Bach est plus dangereux que Freud. La différence est sublime, elle est dans l'inutilité fondamentale de Bach, dans l'apparente utilité de Freud. J'en suis là, complètement.*

Elle s'effondre. Je la retiens. Je la soutiens. Je la porte jusqu'à la cuisine. Je demande à Marguerite Yourcenar de se lever et de laisser sa chaise à Marguerite qui ne se sent pas bien.

Le paquebot flottait mollement sur les eaux lisses, comme une méduse à l'abandon, murmure Yourcenar avant de quitter la pièce en traînant les pieds.

Une Marguerite de génie cède sa place à une autre Marguerite de génie. Il y a beaucoup de monde chez moi, aujourd'hui. Résultat de ma soirée trop arrosée. Les voix sont là, très souvent, et les corps s'invitent parfois. Proust a pris mon lit. Voilà sans doute pourquoi je dors dans la baignoire.

Longtemps, je me suis couché de bonne heure.

Je confirme. Proust boit une tisane vers dix-sept heures et zou ! La viande dans le torchon, si vous me permettez l'expression. Ce serait commode que, cette nuit, Proust laisse sa place à Duras. Elle ne va pas bien. Je l'aide à s'asseoir. J'ouvre une bouteille de vin. Il est tôt. Pouvais-je faire autrement ? Je la sers et je tremble. Je m'assois face à elle. Nous trinquons. Ses yeux brillent. Elle boit. Je vois que ça lui fait du bien. Elle vide son verre. Je la ressers. Tout d'un coup, je fais ce que je rêvais de faire et que je n'aurais cru oser. Je prends ses mains dans mes mains, je les retourne et embrasse ses paumes, le creux de sa main droite et le creux de sa main gauche. Elle rit. Elle pleure. Je murmure : « Madame Duras, ne pleurez pas. » Elle me répond, d'une voix infiniment douce et triste.

Quelquefois je suis vide pendant très longtemps. Je suis sans identité. Ça fait peur d'abord. Et puis ça passe par un mouvement de bonheur. Et puis ça s'arrête. Le bonheur, c'est-à-dire morte un peu. Un peu absente du lieu où je parle.

Je pleure avec elle. Je bois. Ses mains sont froides. Je les réchauffe. Je bénis cet alcool que j'ai bu et qui m'offre à parler. Je bénis ses mains que j'embrasse. La lumière dessine un halo autour de nous. Plus que jamais, je voudrais être son enfant. Me blottir. Contre elle, je n'ai plus peur. Duras reprend.

Je me sens perdue. Mort c'est équivalent. C'est terrifiant. Je n'ai plus envie de faire l'effort. Je ne pense à personne. C'est terminé le reste. Vous aussi. Je suis seule.

Je ne sais pas quoi lui répondre, dans le silence terrible de la cuisine, quand elle ne parle pas. Alors je lui dis : « Je vous aime. » Ses doigts caressent le dos de ma main.

Vite, donnez-moi un peu de votre force. Venez dans mon visage.

Je caresse sa joue. Elle rit comme une enfant. Je ris aussi. Nos rires sont des écritures. « Vous riez maintenant », je lui dis.

Être ensemble c'est l'amour, la mort, la parole, dormir.

Elle regarde la lumière du plafonnier. Regarde son verre. Revient sur moi.

Yann, je suis encore là.

J'ai soif! soif! soif! mais soif!

Elle ne me parle pas à moi, elle parle à Yann Andréa, à son amour, à son compagnon.

Je t'aime trop. Je ne sais plus écrire. L'amour trop grand entre nous. Jusqu'à l'horreur.

Ses mots sont pour lui. Je me sens mal et terriblement seul. Son verre est vide. Je l'aide à se lever. Duras quitte la cuisine. J'entends le frottement de ses semelles dans le couloir qui mène à la chambre. Je reste. Je murmure : « Mon amour. »

Je me laisse tomber sur le sol. Je vais dormir là. Sous la table de la cuisine. J'y serai bien. Je suis une miette de pain. Je suis un chat. J'entends toujours la voix faible de Marguerite. Elle parle à Proust.

« Venez avec moi dans le grand lit et on attendra. Rien. »

Proust n'a pas répondu. J'entends le sommier qui grince. Duras s'allonge.

Je ne sais pas ce qu'est un livre. Personne ne le sait. Mais on sait quand il y en a un. Et quand il n'y a rien, on le sait comme on sait qu'on est, pas encore mort. Le lit grince plus fort.

« Ho ! On peut dormir, oui ! »

C'est Proust qui crie. Magnifique. Forcément magnifique. Ma maison est squattée par les anges. Et ma raison par les blés. Je souffle sur les poussières accumulées sur le sol. Je suis le vent. Je suis un petit camion de pompier en bois égaré sous la table. Il est où mon camion ? Il est où ? Je crie. Je veux mon camion. Je veux ma maman. Marguerite ! À qui sont ces chaussures du 45 ? Le sait-elle ?

Je vais à l'aventure quand j'écris un livre. Mais, par la suite, tout se regroupe et forme un ensemble. En général, le prétexte, le sujet est minuscule au départ, dit-elle.

La recherche du propriétaire de ces chaussures taille 45 serait un bon prétexte, voilà ce que je comprends à ce qu'elle me dit. Écrire sur ce mystère. Écrire, simplement. « À qui sont ces chaussures du 45 ? » Je tiens le titre. Encore un. À la façon de Georges Perec qui publia *Quel petit vélo à guidon chromé au fond de la cour ?* en 1966, chez Denoël. « À qui sont ces chaussures du 45 ? », pas encore écrit, et le roman de Perec ont un air de parenté. Boris Vian n'est pas loin. *L'Arrache-cœur*, *Les morts ont tous la même peau*, *L'Automne à Pékin* et « À qui sont ces chaussures du 45 ? » fraternisent, par le swing. Ce fameux swing. Le style. Ah, le style ! Le style et les idées. Marguerite intervient depuis mon lit, qu'elle partage avec Marcel.

Je suis extrêmement sensible à la musique du style. Pour moi, d'ailleurs, un écrivain dépourvu de style n'en est pas un. Bien entendu, la forme ne se distingue pas du fond.

Proust ne réagit pas. Il en aurait pourtant à dire, sur le style, mais il dort.

Un homme qui dort tient en cercle autour de lui le fil des heures, l'ordre des années et des mondes, murmure-t-il en rêve.

Proust rêve à Swann et Duras soliloque, sa joue sur l'oreiller qui sera vite humide de ses larmes.

C'est moi la poursuite du vent, souffle-t-elle.

Céline s'y met. Caché sous l'évier, au milieu des produits, il éructe.

J'ai soif! soif! soif! mais soif!

Les idées, rien n'est plus vulgaire. Les encyclopédies sont pleines d'idées, il y en a quarante volumes, énormes, remplis d'idées !

Toutes ces voix m'épuisent. Comment voulez-vous écrire dans un vacarme pareil ? Je me recroqueville sous la table. Céline me hurle dessus.

Il est à lire en camisole ! Fléau public ! dénonçons-le ! dénonçons-le ! choc ! cardiazol ! cabanon ! Ah, l'adorons ! ah, le tuons ! glouglouloutons ! suçons ! l'achetons...

Je n'en peux plus. Taisez-vous ! Je crie sous la table, vos gueules ! Silence ! Je veux dormir. Je veux mourir. Je veux écrire. « Ah, ah ! » Céline rit comme un diable. Il recommence.

Touit ! Touit ! Touit ! La furie joyeuse !... Et tout reprend effroyable !... par quatre, six, dix qu'ils s'accrochent... les uns dans les autres tortillés.

Céline hurle et tape des casseroles. Le vieux démon danse dans la cuisine.

C'est du sabbat !... Sûr et certain !... La musique piaule... tout à l'orchestre... Toui ! Toui ! Toui ! Toua ! Toua !... Il faut entendre toute cette douleur à chaque coup de banjo souffrant... il râle... il s'égorge...

Enfin, Ferdinand quitte la pièce et s'éloigne. Il va taper sur la casserole jusque dans la chambre. Duras s'emporte.

Ça rend sauvage l'écriture. On rejoint une sauvagerie d'avant la vie.

Tout de suite, Céline fait chier Proust.

Style lourd ! Architecture lourde ! Snob ! Mondain !

Tout ça va mal finir ! Mais non, ça s'arrange bien. Bizarrement. Quand les trois se mettent à chanter en chœur.

Dans les prisons de Nantes, y avait un prisonnier, personne ne le vint voir, que la fille du geôlier !

C'est très joli. La voix fluette de Proust faisant contrepoint à la voix rauque de Marguerite, au son mat de celle de Céline. C'est à n'y rien comprendre ! Trois immenses écrivains que tout oppose font sarabande. Puis ils se taisent. J'ai quitté la cuisine sur la pointe des pieds. Me suis rapproché. Céline et Duras étaient au lit. Proust avait tiré une chaise, tenait un livre dans ses mains, penché sur eux, et, d'une voix infiniment douce, détachant bien chacun des mots du texte, il leur lisait du Proust. Pour les endormir. Céline m'aperçut, me réclama un verre d'eau sucrée.

« Tiède, forcément tiède », a ajouté Duras.

J'ai vu que leurs paupières étaient lourdes.

Proust leur racontait comment *Combray, de loin, à dix lieues à la ronde, vu du chemin de fer quand nous arrivions la dernière semaine avant Pâques, ce n'était qu'une église résumant la ville, la représentant, parlant d'elle et pour elle aux lointains, et, quand on approchait, tenant serrés autour de sa haute mante sombre, en plein champ, contre le vent, comme une pastoure ses brebis, les dos laineux et gris des maisons rassemblées qu'un reste de remparts du Moyen Âge cernait çà et là d'un trait aussi parfaitement circulaire qu'une petite ville dans un tableau de primitif...*

Curieusement, c'est Marcel le chétif qui s'est endormi le premier, replié sur sa chaise. Marguerite s'est redressée dans le lit, hirsute, son épaule contre l'épaule pointue de Ferdinand qui portait mon vieux pyjama. Me jetant un regard implorant, elle m'a lancé: « Y a pas de gâteaux ? » Réveillant le frêle lecteur assoupi, lui répétant, me répétant, répétant au monde: « Y a pas de gâteaux ? » Alors Marcel, éveillé, croyant qu'on le sollicitait, ne se faisant pas prier plus longtemps, s'est lancé avec gourmandise dans la lecture du célèbre passage mémoriel et pâtissier.

Ma mère envoya chercher un de ces gâteaux courts et dodus appelés petites madeleines qui semblent avoir été moulés dans la valve rainurée d'une coquille de Saint-Jacques. Et bientôt, machinalement, accablé par la morne journée et la perspective d'un triste lendemain, je portai à mes lèvres une cuillerée du thé où j'avais laissé s'amollir un morceau de madeleine…

Marguerite a tendu la main.

Je suis glacée par la folie.

Elle a redemandé.

« Y a pas de gâteaux ? »

Je n'en pouvais plus. Je suis retourné dans la cuisine, pour boire du vin. J'ai besoin de silence pour écrire et ma maison est devenue au fil du temps un asile de jour et de nuit pour grands anciens. Leurs mots étouffent mes mots. Tout ce que je voudrais dire traverse leur voix, comme une eau traverse la roche, alors mon texte se minéralise et se charge de leur style et de leur pensée. Comment peut-on écrire un livre qui ne soit que le sien ? Si ce ne sont pas eux qui m'étouffent, ce sont des phrases vaines et absurdes qui m'encombrent l'esprit. Parfois, un « J'ai vu voler un palabreur de Sicile » me tourne en tête tout un jour. « J'ai vu voler un palabreur de

Sicile», «J'ai vu voler un palabreur de Sicile», et je n'arrive pas à m'en débarrasser.

Les cloches sonnent. Je crois. J'entends des trompettes. Difficile de se concentrer quand une fanfare joue sur l'évier. Je m'installe sur la chaise qui fut celle de Marguerite. Devrais-je visser une plaque sur son dossier ? «Ici Marguerite Duras s'est assise et a pleuré en buvant du vin.» «Ici a vécu Céline», proprement fixé sur la porte du petit placard sous l'évier. «Ici Proust a lu du Proust», sur le mur au-dessus du lit. Étrange musée. On aime à imaginer que les tableaux du Louvre, sitôt évacué le dernier visiteur de la journée, se parlent, se content des anecdotes, s'invectivent. Les nuits de la Bibliothèque nationale de France bruissent de sons, pire qu'en forêt. De murmures, de cris étouffés et de sanglots. Tout ce qui fut écrit veut être lu et se plaint.

La solitude des auteurs dans la nuit est terrible. Depuis Sénèque jusqu'à Malraux, ça geint. Ça veut voir la lumière. Les murs crépitent. Millions de dents qui claquent. Cimetière immense où ne sont enterrés que des vivants. Les livres ne meurent jamais. Ils attendent. Ils ont pour passer le temps l'enfer et le purgatoire. Jamais le paradis. On croit qu'ils dorment, comme des chats. Mais non, ils se racontent inlassablement et perpétuellement leur histoire. Cicéron se complaît à louer sa vieillesse, depuis deux mille ans, dans *Savoir vieillir*. La nuit, la voix du livre murmure, comme un texte somnambule, pour se convaincre des joies de son état. Casanova surnage dans les clapots. Albert Cohen n'en peut plus de pleurer la mort de sa mère.

Souris pour croire que rien n'importe, souris pour te forcer à feindre de vivre, souris sous l'épée suspendue de la mort de ta

J'ai soif! soif! soif! mais soif!

mère, souris toute ta vie à en crever et jusqu'à ce que tu crèves de ce permanent sourire.

Pendant combien de temps ? Combien de temps ? Combien de temps ? La résonance. Même ceux que brûlèrent les nazis continuent de crépiter. Je veux écrire pour retenir le monde entre mes doigts. Duras m'a fichu le cafard. Pas d'alcool, j'avais dit, que de la bière ! Je paye cher l'addition. J'écris comme je picole. Au final, les pages sont vides. Je bois, je pisse, et je ne me souviens de rien. Je disais quoi ? Ah oui ! Je veux écrire pour retenir le monde. Tout ce qui arrive et disparaît aussitôt, comme rien, tout ce qu'on n'a pas vu et qui est là, dans les recoins. Pour ça, je cherche à faire le vide dans mon esprit pour faire le plein, alors ça bloque. Il faut que je laisse entrer le monde, mais avec lui entre le brouhaha. Je voudrais me fourrer l'âme tout entière d'un monde silencieux. Comme une tourte tranquille ! L'imbécile ! Le monde n'est que bruit et fureur ! Pauvre con ! Lâche, qui veut observer le frelon sans ses ailes, parce qu'il a peur de se faire piquer. Le monde sans le vacarme. Ah, ah ! Le beau marteau sans manche ! Planète silence. Suppliciés sans leur bouche. Alors va te baigner, crapaud ! Et n'écris pas. Du calme ! Car ça n'est pas en insultant le suicidé que je résoudrai le problème.

Qui suis-je ? En voilà de la question de triste bâtard d'écrivain qui n'écrit pas. C'est un questionnement mieux approprié au théâtre, je trouve. Salle où d'ailleurs je ne mets jamais les pieds. Dès que je m'assois, j'ai envie de faire pipi. Et puis j'ai de trop grandes jambes, qui se coincent. Et puis, comme je suis seul, on me donne toujours la table près de l'escalier, celle qui descend aux toilettes. Une heure pour avoir la carte ! Une heure pour l'addition. À la limite, je préfère le théâtre donné à la maison. Un bout de pain avec un bout de fromage, ça me suffit. Parler de pain me donne faim. Menteur ! J'ai soif. Parler de soif me donne soif. C'est vrai ! J'ai soif !

« Mais passé le soleil de l'ivresse vient le noir de la nuit. »

Qui parle ? J'écrirais ça, je serais la risée.

« Mais la risée de qui, pauvre petit bonhomme ? »

De mes hôtes illustres !

« Si tu crois qu'on t'écoute ! » me lance méchamment Louis Calaferte, depuis le plafond bas de la cuisine. Il est nu. Marche à l'envers, comme une mouche. Sa tête pend. Sa bite fourchue de diable rouge pend. Je suis terrifié. Je sors. J'éteins. Je m'allonge dans le couloir. Dans le noir. Tous se taisent, enfin. Je peux reprendre.

Où en étais-je ?

Je veux écrire pour retenir le monde entre mes doigts. Il me semble que je peux en retenir un pan par le revers de la veste qui s'éloignait de moi en courant. On ne voit rien quand on regarde. Il faut écrire en regardant pour voir. S'enfoncer la terre sous les ongles en travaillant le sol. Ça reste là, même après les avoir passés, repassés sous le filet d'eau. On lave, on lave, c'est toujours noir ! Il faut sortir la lame. On s'en retire des choses de sous les ongles, qu'on ne pouvait pas imaginer. Le pan de la veste. Les ongles noirs. Je m'y perds. Pourtant, personne ne me parle. Personne ne crie. J'ai le temps. Je veux écrire pour retenir le monde entre mes doigts. Tu picoles et tu chies ! « Vous travaillez bien ? m'a demandé mon éditeur. – Je picole et je chie ! » j'ai gueulé. Ça me remonte encore à l'oreille. Ça ne mène à rien. Je veux saisir les lignes qui dessinent les maisons, l'arc des feuilles des arbres, en faire la comparaison avec l'ovale d'un cœur, l'arc-boutant d'un cri, « j'ai peur de mourir dans la nuit ! », voyez « mourir » au centre en clé d'arc pour que le cri tienne, la neige noire au soleil pareille aux lumières de Soulages, comment l'on court, et cette jeune femme assise sur un banc qui somnole, ces poules dans les cages, les chaises des salles de classe, les voitures encastrées et les ponts emportés, les bateaux de réfugiés qui coulent, les noyés par milliers, allez chercher, rapportez ! Y aura-t-il de la neige à Noël ?

Il va falloir reboucher les tombes. Fissa ! *Les sanglots longs Des violons De l'automne Blessent mon cœur D'une langueur Monotone.* Ça aussi, il faudrait le dire, mais c'est déjà dit. Tout est dit. Que pourrais-je dire qui n'a pas été dit ?

« Les cacahouètes malformées sont légion. » Ça n'a pas été dit. « La pendule du père Blanchard aime boire de l'huile d'olive. » Ça n'a pas été dit non plus, je crois. Et après ? Je sens que j'ouvre une porte qui n'ouvre sur rien, justement. J'ai la nausée du pauvre Sartre.

Un goût de citron très prononcé me remonte. Aurais-je bu du limoncello ? J'ai horreur de cette liqueur. Je n'aime pas le Cointreau non plus et je suis sûr d'en avoir bu. La gorge me brûle. J'ai des bouffées de chaleur. Je sue.

Couché par terre dans le noir n'est pas le meilleur remède pour ce que j'ai. Il faudrait que je marche dans les bois, ou que je traverse un bras de mer. C'est radical. Plonger dans la vase du Mont-Saint-Michel. Je n'en suis pas loin. Je m'en approche. J'y suis. Allongé sur la vase, j'attends.

Mon éditeur me verrait, allongé sur la vase du mont, il comprendrait mieux mon retard à rendre mon manuscrit. Peut-être même m'encouragerait-il sur cette voie ? « Vous cherchez à retenir le monde entre vos doigts ? – Oui, monsieur, c'est ça ! – En vous enfonçant dans la vase du Mont-Saint-Michel ? – Tout juste ! – C'est bien, continuez, voulez-vous que je vous envoie de l'argent ? » Avec mon éditeur, nous nous vouvoyons. Quand je suis en crise grave, je lui crie : « Allez vous faire foutre ! » Jamais je n'utilise le « tu ». C'est ce qui le rassure et me rassure aussi. Je suis au clair avec mes sentiments pour lui.

Je lui lancerais des « Va te faire foutre ! » que nos relations en seraient gravement compromises.

« Allez vous faire foutre ! »

« Va te faire foutre ! »

Ce n'est pas le même assaut. Ce ne sont pas les mêmes cavaliers. Mes chevaux ont le plumet pourpre entre les oreilles. Je les vois distinctement qui galopent dans ma voix !

« Allez vous faire foutre ! Allez vous faire foutre ! » C'est russe, comme cavalcade. Ample. Puissant. Violent ! Gogol n'est pas loin. Dostoïevski. Tolstoï. Tchekhov ! Pouchkine. Gorki ! Tourgueniev ! Boulgakov ! Soljenitsyne. N'en jetez plus ! Faites rouler le train d'un seul siècle, ils sont tous debout dedans. Autant de force et de génie, c'est désespérant. Je vois passer les wagons, les monstres barbus aux fenêtres, toukoung ! toukoung ! La panique me prend. Plutôt que travailler à ma table, je cours au bistrot ! Voyez *Les Possédés* de Dostoïevski, texte intégral en livre de poche, non mais regardez ! 700 pages ! Corps 9 ! 2 530 signes à la page, par 700 ! 1 771 000 signes, presque deux millions ! Je le sais, j'ai compté et recompté. Je ferais mieux d'écrire mon œuvre plutôt que compter les signes dans l'œuvre des autres. Évidemment ! Ah, ah ! Vous me prenez pour qui, pour quoi ? Comme on fait son lit, on dort par terre. Après avoir soupesé la montagne de travail, plus qu'une montagne, une planète, je n'ai plus faim pour me mettre à l'ouvrage. Ces écrivains sont fous. Moi je vous le dis ! Mieux vaut détourner son regard. Sous peine d'écrasement, de vilain passage à tabac.

Avec tous ces grands héros empilés sur mon ventre, je m'enfonce dans la vase et, ce coup-ci, on ne me retrouvera pas !

Le téléphone a sonné. J'ai reconnu *La Walkyrie.* C'est bien le moment. Lalilalali-la ! lalilalali-la ! lalilalali-la ! lalilalaliiiiiiii ! Moi je le chante comme ça. Dans la même tonalité que mon téléphone. Dans Wagner, je privilégie les aiguës. Je sais. Ça n'est pas simple. Mais rien n'est simple. Pensez au célèbre roman de Perec, *La Disparition.* L'auteur s'applique à ne pas employer la lettre e. Vous croyez que c'est simple, ça ? Ce qu'on appelle « l'art subtil des contraintes » ou « la loi du pire emmerdement ». Le plafond de la chapelle Sixtine, peignez-le sur le sol et vous gagnerez deux ans sur la durée du chantier. On y est, dans le pire. 1 000 mètres carrés de plafond, à 20 mètres de hauteur ! Avec, en sus, le pape sur le dos. Moi, j'aurais gueulé ! J'aurais envoyé une lettre au pape, salée ! Le plafond, je le fais par terre, basta ! Il faudrait avoir mauvais esprit pour railler « le plancher de la chapelle Sixtine ». Et les visites ? Millions de traces de pas sur les ailes des anges qui sautillent partout par terre comme des moineaux posés. C'est simple. Interdisons de marcher sur « le plancher » ! On interdit bien l'accès aux pelouses. Je ne vois pas où serait le scandale d'interdire au public de marcher sur l'œuvre majestueuse et par terre de Michel-Ange, alors qu'on interdit presque partout en ville de marcher sur les plates-bandes herbues. Faites un test. Samedi, déposez *La Joconde* sur le sol du Louvre et dites aux Japonais agglutinés de marcher dessus. Ils refuseront ! Je l'espère. Pour « le plancher », peint par Michel-Ange pour même pas la moitié du devis initial, ce sera pareil. Il suffira de mettre un joli petit panneau de bois : « Interdiction de marcher sur le plancher ». Évidemment, il y aura toujours quelques resquilleurs malotrus qui marcheront dessus et qui, l'été, viendront s'allonger au soleil. Certains pique-niqueront sur *Dieu créant le ciel et la terre*, il faut s'y attendre. Les gamins joueront au ballon sur *La Création d'Ève*. Après tout, pourquoi pas ? C'est aussi bien de s'allonger sur une œuvre plate de Michel-Ange, le verre de rosé à la main, tout contre le corps de sa bien-aimée, plutôt que la regarder, là-haut, l'inaccessible étoile, à s'en rompre le cou. À la limite, faisons pousser l'herbe au plafond et baptisons l'œuvre « Le Plafond vert » de la chapelle Sixtine. Et n'en parlons plus ! Les visiteurs allongés sur le célèbre « plancher » de la chapelle Sixtine peint par Michel-Ange pourront admirer tout en buvant du rosé la pelouse au plafond de la même chapelle Sixtine que personne jamais ne foula. Les jardiniers du Vatican peuvent être satisfaits.

J'ai soif! soif! soif! mais soif!

On ne me demande jamais rien, à moi. Pourtant, des idées originales, j'en ai, à revendre. Des idées qui compliquent à souhait. C'est très à la mode, de tout compliquer.

Lalilalali-la ! lalilalali-la ! lalilalali-la ! lalilalaliiiiiii ! chante mon iPhone, plutôt que faire simplement dring ! dring ! dring ! comme avant, quand le téléphone n'était pas compliqué. Le téléphone a cessé de « laliler ». Je n'ai pas bougé. Je suis toujours envasé dans la baie du mont. L'air salin me donne soif. Du vin blanc, avec des huîtres plates. Non. Plutôt du vin blanc avec du vin rouge. Je n'aime pas les huîtres. Je crains la mélancolie des mois en r. Le bourdon des mois en s. La tristesse des mois en i. Ou bien la tristesse des mois en r. Le bourdon des mois en i. La mélancolie des mois en s. Ça marche aussi. J'ai peut-être une petite préférence pour la tristesse des mois en s. J'incline pour le sifflement. C'est ténu. La justesse d'une phrase ou d'un mot. L'air qui la traverse. Sa lumière. Je m'appuie contre les syllabes. Le bruit des pas dans les feuilles. Je suis au milieu d'eux.

Il y a derrière le commandant à cheval trois cents cafards individuels maintenus dans les règles de la bienséance par le protocole nécessaire à l'harmonie d'un bataillon en marches d'épreuves.

Les mots de Mac Orlan font un cercle dans cette clairière ouverte pleine page. Je m'assois au milieu d'eux. Moi, quand je lis, je vais à pied. Dommage que Mac Orlan ne se soit jamais invité chez moi. J'aurais aimé l'écouter parler dans ma cuisine. Je ne bois sans doute pas l'alcool qui le ferait venir. Ça picole du vin rouge dans ses livres qui sont la vie ouverte. Mon cépage n'aura pas la couleur pourpre de la braise finissante qui l'attire. Il faudrait que je me lève. Mon éditeur m'aura laissé un message, si c'est lui qui appelait. Mais c'est forcément lui. Dès que je sors de chez moi, le phénomène se reproduit. Je l'appelle dans la nuit, et lui me rappelle au matin. Je lui parle mal. Il arrondit les angles. Pourquoi suis-je con comme ça ? « Écrivez, me dit-il. – Ben tiens ! Et pourquoi moi ?! » Je lui réponds souvent ça. Souvent, je me demande pourquoi l'auteur écrit et l'éditeur publie, et pas le contraire. Moi, je veux bien éditer des livres ! Tranquillement allongé dans la vase molle de mon bureau, en attendant l'heure du midi, où j'irai manger avec un écrivain qui m'insultera un peu plus tard, saoul, par téléphone. Je n'insulte pas, je me débats.

Pris dans les mailles.

Je n'y arrive pas.

Voilà ce que je devrais lui dire, quand j'appelle ivre mort. « Monsieur, je n'insulte pas, je suis pris dans les mailles ! » Ah, la belle vie ! Comme disait le vieux chanteur mort qui avait des dents.

J'aurais dû faire de la chanson. Hurler mon mal de vivre sur les scènes du monde entier, ou au moins celles de la France, pas trop loin. Je n'aime pas voyager. Je voyage assez dans ma cuisine et dans mon petit couloir. Je passe certainement plus de temps dans mon couloir que nulle part ailleurs. En second sur le tableau du temps passé vient le dessous de table de la cuisine. Ensuite, les minuscules cabinets. La baignoire de la salle de bains. J'aime les coins. Les recoins. J'y suis à l'abri. J'ai moins peur. J'ai écrit « Sous le lit », allongé sous le lit. « Dans l'armoire », caché dans l'armoire. « Cabinets », assis sur la cuvette, dans les cabinets. Il s'agit de ma série

« Trilogie des pénates ». J'ai reçu le grand prix de l'Humour noir. On m'a dit que je suis allé recevoir mon prix déjà imbibé et que j'ai dérapé sitôt passé le vin d'honneur. S'il fallait écouter tous ces racontars ! Je fais des jaloux, forcément.

Ma liberté choque. Je suis un électron libre, si libre que ma liberté me déroute moi-même. Me handicape parfois. Même souvent. Je suis prisonnier de ma liberté, voilà le souci. Prison ouverte dans laquelle je m'enferme à double tour. Je me comprends. Prisonnier de ma liberté, oui, libre dans la servitude, non. En gros, c'est ça. Difficile de sortir acheter le pain avec de telles contraintes. Difficile de ne rien faire, d'ailleurs. Le quotidien me paralyse. Je peux fixer tout un jour la coquille d'un œuf. Il y a de quoi voir ! Je l'ai déjà dit, et je le répète, je perds beaucoup de temps. Je n'ai pas avoué à mon éditeur que je passe la journée devant un œuf, à essayer de comprendre la douceur du grain, la forme parfaite, l'intelligence de la teinte ocre et de ses multiples nuances. Je pourrais écrire un livre entier sur le sujet. Alors écris-le ! Ben non ! Trop facile !

Thomas Bernhard a-t-il écrit sur les œufs ? Dans *Un enfant*, il parle d'enfant, de naissance. Y a-t-il un œuf là-dedans ? Je n'en ai pas trouvé, même si le mystère de la vie qui innerve les deux sujets peut facilement les rapprocher. Quant à Francis Ponge, il dédie un livre entier au savon. Il aurait tout aussi bien pu écrire sur l'œuf. « L'Œuf », par Francis Ponge. Non. *Le Savon*. Alors pourquoi ? Se sera-t-il enfermé dans les cabinets avec Marguerite Duras qui lui aura murmuré : « Le savon, forcément le savon. » L'encourageant clairement à ne pas écrire « L'Œuf ».

« Vous êtes ce que vous êtes et ça m'enchante, pas l'œuf. »

Ponge obéit à Duras. Et il a bien raison ! Reine de la nuit, de la douleur et du murmure. On ne résiste pas.

Il y a beaucoup à dire à propos du savon. Exactement tout ce qu'il raconte de lui-même, lorsqu'on l'agace avec de l'eau, d'une certaine façon. Il semble aussitôt enclin à beaucoup dire. Qu'il le dise donc. Avec volubilité, avec enthousiasme. Jusqu'à disparaître par épuisement de son propre thème.

C'est Ponge qui écrit mais on dirait Duras. On dirait Marguerite parlant de Duras. C'est stupéfiant. *Jusqu'à disparaître par épuisement de son propre thème.* Duras, toute une vie à faire des bulles, disparaissant par la bonde de l'évier après avoir trop dit.

Et voici ce qui est merveilleux, écrit Ponge, *c'est qu'on en sorte les mains plus propres, les mains plus pures.*

Après Duras, c'est tout à fait vrai ! Capable de tenir à distance la bêtise et la méchanceté. Elle a énormément bu, je le sais. Elle a beaucoup pleuré. Le jour. La nuit. J'aimerais pouvoir boire et ne pas pleurer. Pouvoir faire le con et écrire.

L'écriture me demande trop de sérieux et d'énergie. Du coup, je n'écris pas. Mais ne pas écrire me demande autant de sérieux et d'énergie. Jamais de vacances. Jamais de repos. Toujours à patiner. Faire des figures inutiles sur la glace, tourner en rond.

Je me suis levé. J'ai quitté les marais. La cuisine n'est plus là. À la place, c'est un champ. Un tout petit champ. Très joli. Planté de coquelicots. Ce pourrait être la cuisine de M. Auguste Renoir. Je reste au seuil du tableau. Je regarde et je respire. L'artiste Bertall, dans le journal *Le Soir*, écrivait de Renoir et de sa peinture : *Dans des cadres bizarres, des contournements grotesques, des fracas de couleurs sans forme et sans harmonie, sans perspective et sans dessin.* Eh ben ! Drôle de barbouilleur myope que ce Renoir qui peignit *Le Déjeuner des canotiers*, *Bal du moulin de la Galette*, *La Danse à la campagne*, *La Liseuse*, *La Rêverie*, *Chemin montant dans les hautes herbes.* Le méchant Bertall n'avait rien vu. Pourtant, c'est là. Le bonheur, à tout prix. La lumière qui fait mûrir. Cherchant à retenir le monde, Renoir aura attrapé des jeunes filles rondes comme des pommes. Bon choix.

Il faudrait que j'arrive à écrire comme Bertall l'imbécile reprocha à Renoir de peindre, écrire *Dans des cadres bizarres, des contournements grotesques, des fracas de couleurs sans forme et sans harmonie, sans perspective et sans dessin.* Ah oui ! Peut-être comme ça y arriverais-je ? Le vent agite les herbes hautes de ma cuisine. J'entends, là où se trouvait l'évier, s'écouler un ruisseau. Une alouette chante. J'aperçois la table sous laquelle j'aime dormir, dissimulée dans le creux du vallon, au pied de la colline. Je pars à pied, soulevant un nuage de sauterelles. Je n'aurais pas cru ma cuisine aussi grande. Comme ce caricaturiste, Bertall, qui ne savait pas regarder Renoir, je n'ai jamais su regarder ma cuisine. Le Zadig de Voltaire disait : *Il faut cultiver notre jardin.* Il aurait pu écrire : « Il faut cultiver notre jardin dans notre cuisine », ce qui aurait été plus juste et plus complet.

Partout pousse le jardin, pour qui sait voir.

Cette augmentation des possibilités de voir le jardin n'aurait pas dû lui échapper. C'est bien ce qu'il cherchait, non ? Alors ? Rousseau ! Mon Jean-Jacques ! Répondez-moi ! Bordel !

Je sens que j'aurais crié, dressé sur la pointe de mes pieds, à sa poursuite dans les hautes herbes. Il m'aurait fui, bien sûr, j'aurais crié plus fort, obligé. « Jean-Jacques ! Cher Jean-Jacques ! Il faut marcher dans les cuisines et pas dans les champs ! »

Imbécile !

En sortant d'une longue et douce rêverie, en me voyant entouré de verdure, de fleurs, d'oiseaux et laissant errer mes yeux au loin sur les romanesques rivages qui bordaient une vaste étendue d'eau claire et cristalline, j'assimilais à mes fictions tous ces aimables objets ; et me trouvant enfin ramené par degrés à moi-même et à ce qui m'entourait, je ne pouvais marquer le point de séparation des fictions aux réalités, écrit Rousseau dans *Les Rêveries du promeneur solitaire.*

C'est bien ce que je pensais ! Rousseau se perd dans la campagne et ne voit plus la cuisine. Il fallait passer par la seconde, pour bien voir la première. Dans ses *Rêveries*, Rousseau ne fait aucune allusion à ses éventuelles promenades en cuisine qui ouvrent bien plus d'horizons qu'il n'y paraît. Non, non ! Rousseau déraisonne. Rousseau s'encroûte, avec ses balades dans les prés qui ne sont que des étendues herbues.

Le grand Auguste Renoir peignant *Les Deux Sœurs* voyait plus que deux sœurs et bien plus qu'un jardin.

Que voyait Francis Bacon en peignant *Trois études de figures au pied d'une crucifixion* en 1944 ? Pour voir, Bacon passait par les cuisines, je le sais. Je le sens. Je pense à Bacon, Rousseau, Renoir, tout en cherchant mon chemin dans ma cuisine magnifiquement vallonnée. Penser à eux m'est un trésor. Au fond, qu'avons-nous d'autre? Penser à Lamartine au bord d'un lac creusé dans une cuisine et aller boire un coup. Joliment désuet.

Rhizomique.

Je devrais lancer mon mouvement de pensée.

Il y a eu le mouvement Panique, animé par Topor, Arrabal, Jodorowsky, Sternberg et d'autres, il y aura le mouvement Cuisine, animé par moi et moi seul. Peut-on animer seul un mouvement? Grande question! Peut-on marcher seul? Vais-je à droite en direction de ce bosquet? Vais-je à gauche en direction de cette petite mare vert sombre où coassent les grenouilles? Le carrelage deviendra parterres de bleuets et s'ouvrira bientôt sur une plaine à blés. Rousseau s'est perdu. Céline n'est plus là. Ni Proust. Ni Duras.

Je marche maintenant en pensant à Thomas Mann. Merveilleux compagnon. Qui lui-même va d'un pas lent en pensant au jeune et délicieux Tadzio, déjà loin devant, loin de Venise, loin de nous, au sortir de l'enfance, qui est la grâce souveraine. Qui ne pense jamais qu'à sa propre jeunesse et sa propre beauté. La beauté est égoïste. Je dirai ça à mon éditeur, en manière de préambule, quand sera venue l'heure grise de croiser aimablement le fer. Je vais m'asseoir sur ce gros caillou, près de la table.

« Ceci n'est pas un caillou. »

Merci Magritte. J'approche mon visage d'une fenêtre éclairée. Je découvre une cuisine. La cuisine de chez moi. J'ai froid. Je fais de la buée sur le carreau avec mon nez. Je vois qu'il y a, posés sur la table, une bouteille de vin blanc et deux verres. Qu'est-ce que je fous là, dehors, pieds nus ? Il faut que je rentre. J'ai soif! soif! soif! mais soif! Où sont mes clés ? La porte est ouverte. Je ne m'imaginais pas dormir par terre, devant chez moi. Je l'ai fait trop souvent. Je n'ai plus l'âge d'avoir mal. La douleur m'amusait, je la trouvais créative, je la trouve exténuante, aujourd'hui. Je devrais courir vers ma table et écrire. Écrire enfin mon livre !

Je n'aime que ça, écrire. Et je ne peux pas.

Je me suis écorché la paume des mains. Suis-je tombé ? Comment suis-je sorti ? J'ai bu du vin blanc. Je n'aurais pas dû. Un verre, et je bois deux verres. Deux verres, et je bois trois verres. Ça ne s'arrête pas. Me voilà rentré à la maison. Quel soulagement !

C'est joli, bordélique et cosy. Plein de bouquins partout. Je vais boire un verre. Un seul ! Pour me réchauffer. Tout est en ordre chez moi. Mais, dehors, qu'est-ce qu'il fait froid ! Ça n'est pas une température ordinaire, pour Vincennes. Ni pour Rouen. Nous avons navigué loin des eaux tempérées. Ma cuisine sent le tabac. Je ne fume pas. Qui vient fumer chez moi, quand je n'y suis pas ? Tout est histoire. Il suffirait de tirer le fil et de tisser.

C'est pour cela qu'il n'y a ni beaux ni vilains sujets et qu'on pourrait presque établir comme axiome, en se plaçant au point de vue de l'Art pur, qu'il n'y en a aucun, le style étant à lui seul une manière absolue de voir les choses.

C'est qui ?

Gustave Flaubert ! Avec un grand F !

J'ai soif! soif! soif! mais soif!

Atmosphère ! Atmosphère ! Est-ce que j'ai une gueule d'atmosphère ?

Les voix sont tyranniques.

Il me faut pousser la mienne très haut pour ne plus les entendre. Écrire servirait à ça. Donner la priorité à une voix qui serait sienne. Je vis au milieu des livres, au milieu des voix, fortes et belles, envahissantes, terrifiantes et passionnées. Les ouvrages sont partout chez eux en piles instables que je fais choir quand j'ai bu. Moi, je ne suis pas chez moi. Plutôt leur invité. Invité de Rostand, de Toni Morrison, de Doris Lessing, je ne vais pas pleurer. Même s'ils me chassent ! Je l'aurai mérité. Le jour où j'ai marché sur Joseph Conrad, j'ai dormi à la rue. C'était sur son roman, *L'Agent secret*. Le héros, Verloc, infiltre le dangereux milieu anarchiste dans le Londres du début du XXe siècle. J'ai marché sur les pieds de Verloc ! J'accepte la sanction. Se perdre, désorienté, au milieu des auteurs, a quelque chose d'angoissant et de ludique, comme dans une bruyante fête foraine. Je promeus la désorientation comme mode d'expression poétique. Mishima fait des cartons au tir. La musique hurle. La petite Sagan s'éloigne en pleurs du train fantôme. Les gens crient. Je vais où la foule me porte. Je me cogne.

Venez chercher les mots, puisqu'il vous faut des mots, et puis soyez heureux, chante Édith Piaf, quelque part dans la maison, mais où ?

La mélodie traverse les murs de gauche à droite, de droite à gauche, de haut en bas. Où se trouve la chambre ? « Je me souviens du couloir. » « Je me souviens des vers luisants sur le bord des routes. » « Je me souviens de la veilleuse bleue du pensionnat. » Il ne faut pas que je bouge. Je finirai bien par trouver. Je ne me suis jamais perdu très longtemps. Je trouve toujours le chemin. Enfin, je crois. Après les *Je me souviens* de Georges Perec, il faudrait les «Je crois». Ce qui serait d'ailleurs plus fin, et plus juste, il faut pinailler, «Je crois» nous reléguant quelques pas en arrière, pour mieux observer ce dont nous nous souvenons, lequel devient plus flou à chaque pas, ce qui est juste, car rien n'existe vraiment. Comment Perec peut-il se souvenir du président Rosko ? Le président Rosko n'existe pas. «Ceci n'est pas un président Rosko.» Mon recueil commencerait par «Je crois que je me souviens». «Je crois que je me souviens que ma femme est partie.» «Je crois que je me souviens que j'avais un enfant.» «Je crois que je me souviens que la mer est bleue.» «Je crois que je me souviens que mes parents voulaient que je sois militaire.» «Je crois que je me souviens que Dante a écrit “La Divine Ophélie”.» «Je crois que je me souviens que Dostoïevski a écrit “Crime et Bonbon”.» «Je crois» donne de la souplesse au bâton. J'ai besoin de sucre. Le corps prend l'ascendant. La biologie gagne sur l'esprit qui gagnait sur la biologie.

Je tourne en rond. Dans les années 1980, j'ai été champion de Rubik's Cube. Je retrouvais les six faces de couleurs unies en moins de dix secondes. En moins de temps que je ne mets aujourd'hui à retrouver la chambre. Ma maison tourne et les différentes pièces s'imbriquent d'une manière que je n'ai pas encore comprise. Une fois le modèle initial déconstruit, c'est la galère. Ce n'est pourtant qu'une toute petite maison. La chambre jaune. La cuisine blanche. Le bureau rouge. La salle de bains orange. Les cabinets bleus et le grenier vert. La cave n'a pas de couleur. Les livres m'aident beaucoup à me retrouver dans cet imbroglio architectural. Pour se rendre de la cuisine à la chambre, il faut passer par Erri De Luca, Kerouac, Melville, Hesse, García Lorca, Pindare, Buzzati, et lorsque vous avez croisé *Le Désert des Tartares* en haut de sa pile, vous y êtes. Ça peut paraître compliqué, mais c'est tout bête. Pas plus difficile que d'aller à pied de la rue Touche à la place Lampion. Je cite ces deux-là, mais il y en a d'autres. C'est une simple question d'habitude. Je pourrais faire le chemin cuisine-chambre, puis enchaîner le retour, chambre-cuisine, sans m'aider de toutes ces piles de livres dressées comme des roches dans la baie, sans aucun repère visible, j'en serais capable. «Je crois que j'en serais capable.» Mais après? Aller tout simplement de la cuisine à la chambre, perdant sa complexité, en perdrait également de son intérêt. Pourquoi aller bêtement jusqu'à la chambre? Quel plaisir franchement? Pourquoi, dans ce cas, ne pas dormir simplement dans la cuisine? Proposition qui devient d'un coup plus alléchante, aventureuse, nouvelle et poétique.

La complexification poétique.

Faire de chaque seconde une pâtisserie sophistiquée.

Fouetter et faire monter l'instant en neige. Faire passer le goût unique de l'instant dans les pages des livres, lesquels seront mis à disposition dans les pâtisseries-librairies-voiles de bateau. Passer en force de l'autre côté du miroir plat. Il faut réfléchir vite, et se cogner partout. Devenir dingue pour presque rien. La loi du pire emmerdement, en somme. La nature ne s'y prend pas autrement pour créer ses plus belles formes et ses plus belles couleurs. Complication maximale pour une géode d'améthyste. Qui serait, en peinture, l'œuvre tardive de Claude Monet. Monet aveugle peignant un panier de prunes aurait créé la géode d'améthyste. Complication maximale pour la mante religieuse invisible sur sa branche. Qui serait, en sculpture, la sublime complication formelle sortie du cerveau torturé d'Alberto Giacometti. Il faudrait briser tous les vases et les recoller de travers pour être dans la bonne syntaxe. Les ailes des papillons. La rose des sables et l'obsidienne à flocons de neige. Le dodécagone et l'octaèdre. Ah, les mots !

Sitôt dit, le dodécagone devient du Fellini. « Le Dodécagone ». Très belle œuvre du Maestro ! Son plus grand film, à douze côtés ! douze litres ! douze degrés ! Les mots s'empilent, tombent et s'éclatent au sol. Littérature en pyrex. Albatros. Libellule. Pioche. Ventrèche. Caviar. Débarras. Promenade. Quand la voix des grands auteurs se tait, ce sont les mots seuls qui s'y mettent. Piperade ! Cramoisi ! Valse ! Crépinette ! Orion !

Les mots ont un drôle de son. Il faut les prononcer à haute voix, certains méritent d'être criés : « arbalète » fait écho au creux d'une vallée profonde. Crier arbalète enfermé dans les cabinets peut faire croire au pire. Il vaut mieux vivre seul. J'aime crier le mot « patate ». Je ne peux pas crier le mot « abattoir ». Le chuchoter me rend également très mal à l'aise. J'ai du mal à le dire. « Abattoir » pue le sang et les mouches. S'il fallait peindre « abattoir », ce serait encore Bacon le mieux placé. Il faut donner « gare » à Paul Delvaux, « rail » à Jackson Pollock. Il faut un Japonais pour peindre « minute » et un Allemand du Bauhaus pour peindre « siècle ». Si je devais peindre un mot, je choisirais « pluie ». « Pluie »

J'ai soif! soif! soif! mais soif!

est un joli mot de la langue française dont il siérait de faire une petite barbouille. « Barbouiller » est joli. Comme « nuit ».

Curieusement, le célèbre questionnaire de Proust ne pose pas la question : quel est votre mot préféré ? *La couleur que je préfère ? La fleur que j'aime ? L'oiseau ?* Ces questions sont posées, mais la question sur les mots préférés n'existe pas dans cette liste hétéroclite de trente propositions. Alors qu'on peut y trouver encore *Le fait militaire que j'admire le plus ?* ou *Le pays où je désirerais vivre ?* Et les mots ? Rien. Très étonnant, venant de Proust.

J'avais un ami qui disait aimer particulièrement les mots « sac à dos » et « pince à linge ». La question était venue au cours d'une conversation un peu avinée et je crois me souvenir de sa réponse, franche, sans hésitation. Il ne s'était pas creusé la tête pour trouver ces deux jolis mots. C'était évident pour lui qu'il s'agissait de ces deux mots-là. Je me souviens de ma mère disant : « Une poignée des cheveux de ton père », « Tiens-toi droit », « Un demi panaché bien blanc », « Une baguette bien cuite », « Va acheter un camembert, prends le Vieux Porche », « Le chien a tué des poules ». Pourquoi sont-ce ces mots-là qui restent ? Il y a aussi « Il est rangé où l'hippocampe ? » et « Chut, c'est Cousteau ». Georges Perec raconte : *Je me souviens que j'étais fier de connaître et d'utiliser, relativement tôt, des mots et des expressions comme « à la rescousse », « estafette », « caducée », « dès potron-minet ».* J'ai trouvé que, sur la liste des 480 *Je me souviens* consignés par Perec, il n'y en a qu'un citant directement des mots communs de la langue française. C'est peu, pour un écrivain qui se souvient.

Moi, je me souviens de l'apparition du mot « sida » dans les conversations de bistrot, c'était en 1987. Je me souviens de l'apparition du mot « numérique ». « Numérique » n'est pas un mot que je crierais volontiers enfermé dans les cabinets. On ne peut hurler dans les cabinets que les mots aimés. Je n'aime pas particulièrement « numérique ». Je pourrais hurler « coquelicot ». Le coquelicot pousse sur les talus. Il est rouge sang. Facile à crier. « Chapeau » se crie bien. « Tartuffe » se crie très bien aussi, même s'il fait ancien. Je ne rentre pas dans ce débat, déterminer si l'ancien se crie mieux ou moins bien que le moderne. Je devrais faire une liste non exhaustive des mots « gueulables » aux cabinets, publiée sous le titre « Mots à hurler aux W.-C. ». Il paraît qu'on publie trop de livres. Alors un de plus, un de moins… « Mots à hurler aux cabinets ». « Phrases à manger ». *Je nomme violence une audace au repos amoureuse des périls*, voilà une phrase de Genet qui se mange, qui sort du feu, qui brûle la gueule, qui saigne un peu, cramée en dessous, pas pour tous les goûts. J'aime mordre dans Genet. Dans *Journal du voleur*. Dans *Le Condamné à mort*, j'arrache des bouts. Je mâche longuement. Je salive. Mes yeux pétillent et mes lèvres brillent. J'en bave ! Je croque *Madame Bovary*.

Mme Bovary, quand elle fut dans la cuisine, s'approcha de la cheminée. Du bout de ses deux doigts elle prit sa robe à la hauteur du genou, et, l'ayant ainsi remontée jusqu'aux chevilles, elle tendit à la flamme, par-dessus le gigot qui tournait, son pied chaussé d'une bottine noire.

Je mords deux fois. Dans *Madame Bovary* et dans le gigot qui cuit. Ma maison s'emplit du parfum de la Bovary bien cuite. Nous avons, avec mon éditeur, toujours pour coutume d'aller déjeuner dans un bon restaurant. Peut-être devrais-je l'inviter une fois à dîner chez moi, on boufferait Emma ! Flaubert aimait dire : *Madame Bovary, c'est moi.* Eh ben, c'est simple, on mangera le gros Gustave avec ! Le parfum de Flaubert en train de cuire envahit à son tour ma maison. Quelle heure est-il ? J'ai faim. J'ai chaud. Je vais ouvrir la porte d'entrée. Il pleut. La ruelle irise sous la lueur des lampadaires. Je ne sais pas si c'est le jour ou la nuit. Sommes-nous en novembre ? Certaines journées d'automne valent des nuits d'été.

Un chien passe. Ralentit. S'arrête. Il tourne la tête. Me regarde avec curiosité. Il remue la queue, visiblement satisfait de me voir. Il doit avoir faim. Le parfum du Flaubert l'attire. Je lui crie de venir : « Viens, chien ! » Il repart. L'inquiétude me prend. Je ne mangerai pas Mme Bovary et Flaubert à moi tout seul. Pourquoi ai-je fait cuire les deux ? Je suis toujours seul à table. Marguerite Duras ne mange jamais avec moi ni même seule. « Marguerite mange liquide ! » comme on dit au bar-tabac. Céline s'étouffe avec trois coquillettes au beurre. Je ne peux décemment pas inviter Flaubert à manger Bovary et Emma à déguster une côtelette de Gustave.

Je ne mangerai encore pas ce midi.

Je vais devoir jeter. J'ai horreur de ça ! Il faudrait que je range toute cette viande dans des sacs et que je la porte aux pauvres qui dorment dans le froid. Ma petite rue ouvre sur une avenue passante. Je vois là-bas défiler les voitures et les bus lumineux comme des aquariums. Toutes les maisons de l'impasse ont leurs fenêtres allumées. Que font les familles chez elles ? Qui font-elles cuire ? J'ose quelques pas dans le jardinet devant chez moi. Une allée de gravier mène à la grille. Jusque-là, tout va bien. La pluie qui ruisselle sur mon visage me fait du bien. Décrire la pluie n'est pas une chose si facile. Les éclats de lumière sur les trottoirs. Les plaques luisantes. L'arête argentée des trottoirs. Les bords de mer aussi sont un piège pour l'auteur, les flaques laissées par le reflux, éblouissantes, ainsi que la neige accumulée sur les branches des arbres prêtes à rompre. Le scintillement. L'aveuglement. Je regarde la pluie et je pense aussitôt à la neige. Il faudrait écrire ça. Mais dans quel but ? Je regarde le ciel et je pense à la terre. Quand je regarde la terre, moi, je pense à vos mains.

Le chien revient. C'est un griffon. Son poil jaune dégouline. Je l'appelle à nouveau, l'invite à venir manger un os de Flaubert. « L'Os de Flaubert » ferait un beau titre de livre. Ou bien « Le chien qui mangea Flaubert ». Une voiture de police passe. Le gyrophare bleu diffuse dans l'air sursaturé comme une lumière de phare. Le chien jaune, Flaubert et le phare. Un homme en imperméable passe dans la rue. Il porte un chapeau qui le protège et le camoufle. Ce pourrait être Georges Simenon. Tout est là, qui ne demande qu'à être écrit. Saisi. Protégé. Fixé. Gardé. Il faut faire avec le plateau chargé le trajet jusqu'à la page. Ce n'est rien que la course des garçons de café ! Je suis rassuré. Le bon air de Bruxelles m'a rasséréné. À moins que ce ne soit le souffle de la bise du Léman sur la banlieue de Genève.

Cette ruelle où j'habite pourrait être partout. Moi aussi, je pourrais être partout. Tout le monde pourrait être partout. Finalement, c'est ce qui se produit, les gens sont partout. Il y a impérieuse nécessité à fixer tout ça. Le soleil, l'ombre et le sujet. Jean Giono plante les mots et les arbres et les âmes ensemble, tout va en même temps dans le même trou. À la saison du livre la vie pousse en un bel élan. De ce petit bout d'impasse où je vis, que dirait-il ? J'y vois un chien qui va, y sentirait-il la présence du loup ? Y croiserait-il un roi sans divertissement titubant sous la pluie? Je parle de Giono et je sens sous mes pieds le cœur de la terre battre. J'ai envie de vin.

La rosée couvrait les champs où le blé avait été coupé et l'éteule en était rose comme un beurre qui fait la perle.

J'ai soif! Le loup de Jean Giono dévorerait mon Flaubert! C'est la guerre dans ma rue. Fallait-il que je sorte? L'impasse, avant moi, était plus calme. « Vous foutez la merde partout! » Qui parle? Il n'y a que le chien. L'homme en imper n'est plus. Si ce n'est pas le chien, ça ne peut être que ce petit arbre planté dans la pelouse devant la maison, ce jeune cerisier qui n'a jamais donné aucune cerise, qui ronchonne. Ce n'est qu'une tige de bois noir luisant. C'est moi qui l'ai planté. Je crois. «Je crois que je me souviens avoir planté un arbre.» J'étais sorti faire des courses, j'ai bu un verre au bar, un seul verre. Je me suis réveillé recroquevillé dans une brouette garée dans mon bureau, couvert de boue, la tête coiffée d'un chapeau de paille à moitié mangé. J'avais encore de la paille coincée entre les dents. J'ai découvert plus tard ce petit cerisier planté devant chez moi. J'aime les arbres. Il m'a beaucoup ému. « Planté par le destin », me suis-je dit. J'avais même réussi à glisser très artificiellement cette phrase dans le texte que j'écrivais à l'époque. Je n'en suis pas fier. Mes problèmes d'écriture ne datent pas d'aujourd'hui. Mes problèmes de « dehors » non plus. Mes problèmes de « dehors » sont les soucis divers et variés que je rencontre quand je quitte ma maison.

Dès que je sors, il m'arrive des mésaventures que je ne maîtrise pas. Souvent, ces « aquarelles emmerdantes », c'est ainsi que je baptise mes ennuis, rapport au flou artistique du souvenir, sont vestimentaires, allez donc savoir pourquoi?

Après les avoir débarrassées de leur terre, j'ai découvert sur les grandes bottes en caoutchouc de jardinier neuves que je portais aux pieds, encore étiquetées, des signatures au feutre, un peu comme celles que l'on s'amuse à recueillir auprès des amis proches sur un plâtre récent : « Chung », « Dong », « Hou-Chi », « Lo-Shan », « Maryse », « Tintin », « Pivert », « Pipo », « Cécel », « Aamil », « Picasso », « Ghâlib », « Coincoin », « Fridolin », « Ibrahim », « Chômedu », « Kiki », « Banane », « Tarzan », « La Puce », « Boubacar », « Mellick », « Gohare ». J'avais bien voyagé ! Parcouru le dehors, de long en large. Et peut-être même plusieurs fois ! Pour aller où ? Boire avec qui ? La question se répète. Moi, du « dehors », il ne m'en faut pas. Je ne sais pas m'en servir. Le dehors s'en va partout alors que le dedans s'arrête, et ça n'est pas certain. Quand je pars dans le dehors, on ne me revoit plus. Si je devais en décrire un minuscule bout, je dirais « qu'un flot ininterrompu de voitures s'écoulait sur la grande avenue au bout de ma ruelle, terrifiant vacarme, sirènes de police, pompiers et Samu rajoutaient leur drame au bourdonnement écrasant des moteurs. Ç'aurait pu être un large flot de lave à demi refroidie qui roulait lentement en faisant trembler les hauts bâtiments. Le ciel en rougeoyait. La pluie rabattait au sol cette hémorragie ». Et encore, ça n'est pas vraiment ça. Le « dehors » est beaucoup plus « autre chose » que ces simples mots. Mais quoi ?

Pour décrire à peu près convenablement un bout du « dehors », il faudrait mille pages, minimum ! Calligraphiées à l'envers, dans une glace, comme le faisait Léonard de Vinci. Si on me demandait mon sentiment, j'écrirais que « aç tse'n sap ed al etrat à erircéd ». C'est une bonne définition. « Le dehors n'est pas de la tarte. » « Ceci n'est pas du dehors. » « Ceci n'est pas de la tarte. » Magritte lui-même s'y serait perdu. Mais bon. Je suis trempé comme une soupe. « Ceci n'est pas une soupe. » Ceci est une expression de la langue française. Rien ne s'écrit sous la pluie. Ah bon ? Et pourquoi ? Rien ne se peint sous la pluie, à part *Les Montres molles*. Le chien s'est ébroué, projetant autour de lui une gerbe d'eau scintillante, selon les lois physiques qui régissent « le dehors du cube ». Putain de Dieu, qu'est-ce que je fous là ? Si loin de chez moi. Deux mètres, voire plus, me séparent de la porte d'entrée et de sortie, que j'aperçois distinctement sur la façade, grande ouverte. Un carré de lumière jaune pâle se découpe au sol. Les fenêtres bouchées par les cartons lui donnent un air austère et mystérieux. C'est donc ici que j'habite ? Je n'en suis pas sûr.

Le jour où Charlotte est née, je n'ai cessé de la regarder, jour et nuit, jusqu'à ne plus savoir ce qu'elle était. Le réel ne résiste pas à une observation trop poussée. Il éclate en petits bouts. Le fractionnement est un principe dynamique. Tout briser. Tout mélanger. Je fixais ma femme, Anaïs, jour et nuit, juste pour la voir éclater en petits bouts de lumières et de sons. Elle ne le supportait pas. Je voulais l'écrire elle. Rien n'est plus difficile que de raconter l'amour et l'être aimé. Bien parler d'un bébé est encore plus dur. Le petit partenaire ne vous aide pas. Il est déjà petit et s'éclate en gros bouts. J'ai écrit 500 pages. « Charlotte est bébé. Charlotte est bébé. Charlotte est bébé. » J'attendais qu'il se passe quelque chose, mais rien n'est sorti de ce champ de bébés labouré. « Champ de blé aux bébés », par Vincent Van Gogh. Invendable, déjà. « Peau de bébé », par Van Gogh, à voir absolument pour qui aime le verre brisé. Van Gogh n'a jamais peint sur les visages que la terre labourée et le regain en feu. Je ne connais pas de beau bébé en peinture. Le bébé résiste à tout. Même à la chanson de variété française. « Mon bébé ! Tu es beau ! Tu es ma chair ! Tu es mon bébé ! » Je chante sous ma pluie.

Une silhouette en contre-jour s'est postée à la fenêtre, dans le pavillon juste en face de chez moi.

Le chien jaune s'est invité sur l'herbe du jardinet.

Le cerisier me regarde.

Je ne voulais pas sortir, et me voilà dehors.

Dedans/dehors. La vraie frontière est là, le dedans et le dehors, qui prend source à la naissance, le dedans du ventre maternel et le dehors du ventre, pour ne plus jamais cesser d'imposer ses terribles lois, jusqu'au choix ultime du dedans la vie/dehors, au moment de la mort.

Il s'agirait d'augmenter le format et le poids du dedans pour contrecarrer la puissance du dehors. Les livres seraient un dedans puissant et maîtrisé capable de s'imposer face à un dehors cataclysmique. Encore faut-il savoir les contenir, eux aussi. Il ne faut pas que le livre devienne réel sous peine de changer de camp. Je le vois bien chez moi, quand le dedans de *Souvenirs de la maison des morts* de Dostoïevski devient le dedans de ma propre maison, où errent et se battent les bagnards de Sibérie. Qui sont-ils ?

L'un a tué pour un oignon. L'autre a tué un débauché tyrannique pour sauver l'honneur de sa fiancée. Celui-là égorge par plaisir de jeunes enfants, il trouve une satisfaction à sentir leur sang chaud couler sur ses mains, il se réjouit de leur dernier effroi, de leur dernier sursaut de petits pigeons égorgés !

Allez vous assoupir avec des gars pareils assis dans le couloir ! Eux sont devenus immortels par la grâce de leur grand créateur. Comme Meursault, le héros de *L'Étranger* de Camus, condamné par la force de l'auteur à tuer indéfiniment un Arabe croisé sur une plage, dans ce livre qui n'en finit pas de vivre et de faire mourir. Jamais ils ne s'endorment. Ils sont des milliers. J'ai pu voir le lieutenant Shinji Takeyama, du bataillon des transports de Konoe, saisir son sabre d'ordonnance et s'éventrer, agenouillé dans ma jolie petite salle de bains, sous le regard d'acier de son chef hiérarchique, l'écrivain Yukio Mishima, au garde-à-vous dans l'encadrement de la porte. J'ai vu, comme dans le livre, *le sabre s'enfoncer dans le côté gauche et la pâleur de la mort descendre sur son visage comme un rideau descend sur une scène.*

Moi, je dirais que, chez ces grands écrivains, il y a de l'abus. On n'envoie pas ses héros mourir chez les gens. Ça crie sur mes étagères ! Des fois, je me demande si je ne serais pas mieux dehors. Mais, très vite, j'ai ma réponse, c'est non. Je suis mieux dedans.

En fait, je ne sais pas où je suis le mieux.

Anaïs disait : « Nulle part ! » Je répondais : « Sauf quand j'écris. – Alors écris, et fiche-nous la paix ! » Nos crises ne débouchaient sur rien. Je me rends compte, en y repensant, que j'ai toujours été chiant. Mais c'est un moteur. Sinon je grossis. Mon agitation mentale mange mes graisses. Il n'y a rien de pire qu'un auteur qui s'empâte, devenu, livre après livre, grassouillet marchand de mots. Canard gavé de lui-même. Lorsque nous déjeunons, mon éditeur et moi, je fais très attention à tout ce que j'absorbe. Je bois deux fois plus que ce que je ne mange. Question d'équilibre et d'éthique. On ne pleure pas des blancs de poulet mais des larmes en eau ! Je me comprends. Le liquide sied à la peine et à la voyance. Un écrivain saoul sera toujours plus convaincant qu'un auteur repu. C'est ma religion. La picole et l'anarchie, contre la bouffe et la bourgeoisie ! Pensée sommaire. Je l'avoue. L'alcool donne, pour un temps, de la légèreté, jusqu'à ce que les ailes du poète empesées du sucre de canne et du rhum ne l'envoient s'écraser au sol, percuter des poubelles vaguement éclairées par les timides premiers rayons d'un soleil automnal.

Chaval aurait dessiné la scène à merveille, « Auteur percutant des poubelles en automne ».

Le dessinateur humoriste Chaval s'est suicidé le 22 janvier 1968 après que sa femme s'est, avant et à cause de lui, suicidée, tellement il lui en faisait voir. Anaïs m'a quitté, emportant notre enfant. C'est mieux qu'il en soit ainsi.

Je reste avec mes livres, et mes voix nombreuses.

Avec un chien jaune et un cerisier noir sur carré vert aussi.

La croisière s'amuse !

« Le Chien jaune », par Vincent Van Gogh. « Chien bleu », par Matisse. « Chien rouge », par Gauguin. « Chien-Loup », par Francis Bacon.

Les mots sont des tableaux.

« Le Chien jaune », jamais peint, je le peins en trois mots. « Chien bleu », deux mots suffisent, et le Matisse non né m'apparaît. J'écris avec un pinceau.

Minces et languissantes, les mains légèrement posées sur les hanches, les deux jeunes femmes nous précédèrent sur une véranda colorée de rose, ouverte vers le soleil couchant, où les flammes de quatre bougies vacillaient sur la table au vent qui avait faibli.

C'est Fitzgerald qui peint. C'est lui encore qui joue cette musique des quatre bougies vacillantes sur la table au vent qui faiblit. Pour écrire, il faut peindre et jouer de la musique. Forcément, toutes ces activités concomitantes donnent soif!

J'aurais volontiers bu un verre de vin rubis peint par Chardin, pour devenir *L'Homme saoul* au visage cramoisi brossé par Soutine.

Renaître en une couleur torturée, criante, le crâne éclaté sur la toile, comme un fruit gorgé de sucre.

Dégouliner sur l'horizon courbe de la mer.

Piquer deux points rouges dans les pupilles des promeneurs qui regardent. Quelles couleurs prennent nos yeux quand nous lisons ?

Anaïs Nin nous fait-elle les prunelles mordorées ?

Quelles couleurs ont mes yeux quand j'écris ?

Mes yeux deviennent-ils bleus quand j'évoque la mer ? Gris quand je parle de la nuit ? Il faudrait que je travaille en me regardant dans un miroir. Les peintres l'ont fait. Je serais le premier auteur à écrire « Autoportrait de l'écrivain dans sa glace ». « Écrivain picolant devant sa glace ». « Écrivain s'endormant devant sa glace ». « Écrivain n'écrivant pas devant sa glace ». « Écrivain brisant sa glace ». Ça finirait forcément mal. « Écrivain sous la pluie parlant à un chien ». Je suis trempé, j'ai froid et je grelotte.

« Grelotter », en voilà un joli mot de la langue française.

« Tintinnabuler ». « Phacochère ».

Ça ne s'invente pas. Pour qui cherche à écrire, la caisse ne manque pas d'outils. « Désespérer » est joli aussi. « Fourmilier », très amusant. « Désespérer le fourmilier » pourrait être une vieille expression populaire peu usitée ayant trait à l'abstinence sexuelle masculine. « Longtemps, j'ai désespéré le fourmilier », aurait pu écrire Marcel Proust, évoquant sa vie intime. On comprend mieux maintenant pourquoi il s'est longtemps couché de si bonne heure.

Tout paraît facile, jusqu'au moment où il faut se mettre à sa table.

Combien de livres ai-je écrits en rêves ? Dans les trains ? Aux comptoirs des bars ? De combien d'idées fulgurantes mon esprit a-t-il accouché entre deux verres ? Dans un rayon du soleil qui se brise au travers des arbres ? Je tiens mon livre ! Ce coup-ci, c'est le bon !

L'image se floute et les mots s'en vont.

Le réel bloque le passage à niveau. Il faudrait décrire le réel, mais le réel brut ne se décrit pas, il doit se tordre pour devenir livre ou musique. L'image se brise comme celle d'un bâton plongé dans l'eau.

Le faux plus vrai que le vrai !

Cervantès et Rabelais sont des camelots. Mon réel ne se tord pas bien. C'est moi qui me tords à sa place. Ça fait mal. Je déguste salement. Alors je bois mes potions analgésiques transbahutées depuis Saint-Domingue ou les collines du Beaujolais. Sans modération. C'est sans fin. J'aimerais sauter du manège. Mais quand on est monté, on ne descend plus.

J'ai soif ! soif ! soif ! mais soif !

Je me souviens l'avoir dit à mon éditeur, à table. J'avais bu du champagne et du vin, un bas-armagnac et de la vieille prune. «J'aimerais sauter du manège, mais quand on est monté, on ne descend plus!» Il m'avait fait répéter. Je bafouillais un peu. «J'aimerais monter du manège, mais quand on est sauté, on ne descend plus!» Quand j'ai bu, je me mélange.

«Au commencement était le verbe.» Non! crie Céline. *Au commencement était l'émotion.*

Voilà pourquoi je m'empiège quand j'ai bu. L'émotion! Je me souviens avoir envoyé paître le chef de rang, l'émotion! J'ai envoyé chier le taxi, l'émotion! J'ai fini le trajet à pied, hurlant ma colère, l'émotion! Je suis arrivé chez moi dépenaillé comme un clodo, l'émotion!

À cette époque, encore, je me souvenais.

Je ne me souviens plus.

Je me réveille chez moi, comme d'un profond cauchemar. Contusionné de partout, ou bien couvert de boue. Je suis encore plus inquiété de sortir depuis que la ville est en travaux. Des trous partout.

J'habite la lune.

J'erre d'excavation en tranchée.

Il m'est arrivé de passer la nuit au fond de l'une d'elles. J'avais trébuché et plongé dans une tombe de chantier destinée à faire passer un tuyau d'eau. Incapable de me relever, j'avais pris mon mal en patience et choisi de vivre un temps ce qu'ont subi les poilus dans les tranchées de la guerre. Une nuit à Verdun ! Suivie d'une semaine au lit. Je n'ai rien pu écrire sur cette aventure. Rien de ce qui m'arrive ne nourrit ma prose.

Quand il s'agit d'écrire, je suis vide.

Assis devant l'écran, comme devant un mur, que je fixe, des heures durant. Hébété.

« Une nuit dans une tranchée. »

Il y aurait bien de quoi broder.

« Une nuit sur la lune. »

Je ne sais pas si je deviens sénile ou si je régresse au stade de petit bébé. Un bébé ne picole pas. Alors je dois être un vieux qui boit.

Comment savoir ce que l'on est ?

L'écriture sert à ça, paraît-il.

J'ai écrit quelques livres qui ne m'auront servi qu'à brouiller l'œuf. Je vois mon cerveau baveux fumant au centre d'une assiette. Victor Hugo a-t-il été autopsié ? J'aimerais bien qu'on me montre la cervelle du poète dans son bocal, après une vie à créer cette œuvre monumentale. Je veux voir les circonvolutions calcifiées en forme de gargouilles qui l'honorent ! J'aimerais poser mon cerveau sur la table de la cuisine, à côté de celui du grand Victor. Lui en gratter une cuillerée, que je tartinerais dans les replis mous du mien. Un peu plus, un peu moins de cervelle, le grand poète n'y verra rien ! Alors que je devrais, moi, en ressentir un bon coup de fouet. Celui d'Albert Einstein pesait, à l'autopsie, 1230 grammes. S'il ne pesait plus, un beau matin, que 1200 grammes, qui crierait :

« Au voleur » ?! On sait que le pathologiste Thomas Stoltz Harvey, qui disséqua le cerveau pour le compte de l'université de Pennsylvanie, s'en est gardé des bouts pour lui. Alors pourquoi pas moi ? Un peu du cerveau de Balzac, de Zola, de Dostoïevski, de Dante, de Casanova, je crois que je pourrais alors affronter le monde hostile et terriblement complexe, protégé par ma belle terrine de pâté de têtes en gelée d'œuvres, moulée dans le ciboulot. J'irais par les rues en déclamant des vers. Je tomberais dans les trous pleins d'eau en citant Confucius. Je me relèverais, indemne, et je repartirais. Ce n'est pas moi qui le dis, c'est lui.

Notre plus grande gloire n'est point de tomber, mais de savoir nous relever chaque fois que nous tombons.

Confucius est né cinq siècles avant Jésus-Christ, et moi je m'effondre aujourd'hui en pensant à lui. Comme lancerait le grand philosophe chinois, *le monde est petit.* Confucius a énoncé aussi : *Lorsque l'on se cogne la tête contre un pot et que cela sonne creux, ça n'est pas forcément le pot qui est vide.*

Il en a écrit des milliers comme ça. J'aurais aimé boire l'apéritif avec lui. Je lui aurais parlé de mon mal de vivre. Il m'aurait répondu :

Celui qui ne progresse pas chaque jour recule chaque jour.

J'aurais repris un verre. Il m'aurait asséné encore :

Le sage est calme et serein, l'homme de peu est toujours accablé de soucis.

Pour finir, on se serait engueulés. C'est sûr. J'aurais envoyé chier Confucius. J'aurais fait valser ma tequila à travers le bar. Le patron m'aurait viré. Je serais rentré à pied, chutant, de-ci de-là, dans les profondeurs du bitume, en maudissant le célèbre philosophe chinois. Sa voix m'aurait suivi de par les rues :

Nulle pierre ne peut être polie sans friction, nul homme ne peut parfaire son expérience sans épreuve.

J'aurais hurlé : « Merde à Confucius », comme un vieil alcoolique à la limite de la démence, je me serais reposé sur un banc, de préférence près de la gare, rendez-vous nocturne des punks à chien, j'aurais levé le poing en direction des jeunes défoncés à la bière, ils m'auraient tapé dessus. Ah, la belle vie ! Ah, la belle nuit !

J'aurais retrouvé ma maison, le miracle !

Plus tard, j'aurais téléphoné à mon éditeur pour lui apprendre la triste nouvelle, ça ne pouvait pas attendre : « Confucius est un gros con ! »

Ces historiettes, que je me raconte, me font froid dans le dos. Je m'ordonne de m'enfermer chez moi et de ne pas sortir.

Regarde la télé !

Lis !

Mange !

Ne bois plus et tais-toi !

Couche-toi !

Dors !

Arrête d'emmerder le monde !

J'ai soif! soif! soif! mais soif!

Mais je ne trouve plus le sommeil depuis longtemps. J'essaie d'écrire. Une voix me dicte et une autre me dédicte. « Rien n'est vrai et tout existe », me dit-on. « Bidon ! Nul ! Conneries ! » s'écrie-t-on aussitôt. J'écris sous ordre, mais j'annule aussitôt la frappe quand l'autre voix ricanante me lance le contrordre. On m'encourage, et sitôt on me ridiculise. Pauvre petit bonhomme qui se plaint d'écrire mou ! Je recherche le calme, dans le silence, j'écoute. Dans quel silence Verlaine est-il tombé pour qu'une voix amie murmure.

Votre âme est un paysage choisi / Que vont charmant masques et bergamasques / Jouant du luth et dansant et quasi / Tristes sous leurs déguisements fantasques.

Qui parle ? Verlaine attend, et les ondes du poème le traversent. N'en est-il pas le premier surpris ? Verlaine a-t-il jamais fait croire qu'il savait d'où vient la pluie ? Une goutte frappe son front. Glisse sur son nez. Sur ses lèvres. Sur le papier, tombe.

Les petits ifs du cimetière / Frémissent au vent hiémal / Dans la glaciale lumière.

Le cahier a tout bu.

Il faut louer ce nuage gris-rose qui a crevé bas sur le bonhomme assis ! Les voix et la pluie se mélangent. Je le sais. Je l'entends, quand il pleut sur mon toit. Murmurent alors sur les tuiles des millions de petites bouches en eau. Jamais je n'ai su les écrire. Trop de mots ! La nuit est une foule. Quand il fait jour, la pluie ne parle pas. Il faut l'obscurité.

Les lumières électriques sont propices à la confusion. Les trombes d'eau, de mots, me noient. Je m'ébroue. Je panique. Je picole. Je gâche tout. Il faut n'en garder que quelques-uns. Bien les choisir. Repousser tous les autres. Ne pas se laisser embarquer. Ne pas se laisser influencer par soi-même. Et comment fait-on cela ? Seul, devant les milliers de mots agités. Idiot devant eux. À poil. Ridicule. Débordé. Maigre. Ils sont forts de leur nombre, comme une armée. Barrez-vous ! Putasses de mots ! Ça n'est pas comme ça qu'il faut parler au vocabulaire, quand on veut s'en faire aimer. J'ai froid. Je pisse sur le cerisier. Le chien jaune me regarde. Le voisin ouvre sa fenêtre.

« Vous ne pouvez pas faire ça chez vous ? »

Je rentre chez moi. On m'y force ! Jamais je ne serai libre dans ce foutu pays ! Je vais me faire chauffer des raviolis. Je le fais souvent. Les raviolis chassent la folie. Ou bien j'astique l'évier. Je nettoie les toilettes. Je balaie. Je mets du linge à laver. Pendant que la machine tourne, je réfléchis. Le moteur de la machine ronronne et me fait du bien. Il fait chaud près d'elle. L'odeur de la lessive me rassure aussi. Maman lave le linge. Je suis assis par terre. Je lis *Pinocchio*. Peinard !

Enfant, je ne pouvais m'endormir sans avoir lu. Je serrais le livre contre ma poitrine pour écouter mon cœur battre dans le papier. Je le pressais comme un bouclier. Les livres pour enfants ont une couverture épaisse. Je ne risquais rien. Les animaux nés de la nuit s'y arrachaient les griffes et s'y brisaient les crocs. Le livre appuie et sa surface grandit. Ce point sur l'os diffuse sa chaleur, pour peu que le couvre-lit en laine ajoute son poids au sien. Alors le lit entier devient comme un grand livre, dans lequel vous vous êtes glissé pour dormir. J'aimais ressentir ça. Seule ma tête dépassait d'entre les draps devenus larges feuilles de papier crémeux. Coincé dedans!

Le lecteur dit: «Je suis rentré dans ce livre» ou bien «Je ne suis pas rentré dans ce livre», selon que son attention aura été ou non captivée. Je peux affirmer qu'enfant je rentrais dans les livres, physiquement, au moment de m'endormir. C'est du moins le souvenir que j'en ai gardé. Marcel Proust raconte qu'en s'endormant avec un livre entre les mains il lui semblait devenir, dans ce premier sommeil, ce dont parlait l'ouvrage: *une église, un quatuor, la rivalité de François Ier et de Charles Quint. Cette croyance survivait pendant quelques secondes à mon réveil.* Et moi je devenais pour quelque temps une sorte de petit chevalier de papier. Que je ne suis plus.

Je ne sais plus lire sans écrire, comme un peintre ne sait plus regarder sans repeindre dans son esprit le tableau d'un autre peintre qu'il a devant les yeux, sans l'analyser, sans l'observer sous toutes ses coutures et le recomposer. Je me gâche le plaisir, on peut le dire! D'autant que mes lectures au scalpel des livres des autres ne m'aident pas à écrire les miens. Au contraire, ils me handicapent. Anaïs, ma femme, disait: «C'est simple, tout te handicape!» Elle m'aurait vu trembler devant le fantôme d'un petit pois. Je ne m'en souviens pas. Je me souviens que j'avais un rêve. «Je veux écrire des livres qui seraient comme des gaufres qu'on achète dans la rue et qu'on lit en marchant.» J'ai écrit cette phrase je ne sais plus combien de fois, et chaque occasion de l'écrire me faisait revoir parfaitement bien ce livre chaud serré entre les doigts du marcheur gourmand. Le lecteur marche, penché sur le petit bouquin chaud. Le livre fume légèrement dans le froid mordant et cette vapeur enveloppe une partie de son visage, elle le réchauffe. Un doux bien-être l'envahit. C'est immédiat. Écrire contre le froid. Pour des adultes gourmands qui seraient encore des mômes.

J'imagine la petite librairie odorante et colorée allant par les rues comme une carriole de foire. De loin, on peut entendre la musique qui l'accompagne. « Livres chauds ! Livres bien chauds ! Ils sont bons mes livres chauds ! » crie la petite marchande. Elle propose au passant les « bouquins », qui sont des livres peu épais recouverts de sucre glace, et les « bouquinquins », qui sont des livres au miel. Ça n'est pas très cher. C'est même donné, pour le plaisir que ça apporte. Ne pas être capable de produire le moindre « bouquinquin » me rend terriblement malheureux. Ma vie pour un « bouquinquin » ! Personne ne prendra au sérieux le désarroi d'un écrivain qui ne pond pas son « bouquinquin ».

Écrire est un luxe. Ma tristesse est bourgeoise. Voire infantile. Capricieuse. Je passe pour un clown. J'envoie mes larmes à dix mètres. Grosses comme des boules de pétanque. Qui reçoit une de mes larmes en pleine tronche s'en souvient ! J'en fais trop. Pas besoin de revenir là-dessus, c'est la base de ma théorie. Je cherche l'or. Je déplace des tonnes de terre pour en tirer trois mots qui scintillent. Quand Verlaine reste assis sous la pluie, moi je creuse. Il y en a qui sont nés avec la cuillère en argent de la poésie dans la bouche ! Et García Márquez ? Alors lui ! On sent bien qu'il écrit comme il respire. Et Günter Grass, le géant ! Le monstre ! J'en crève de jalousie ! Ce sentiment me déshonore. Tant mieux ! Je me roule dans la fange. Je me salis. Je pue. Je me détruis. Peut-être en sortira-t-il quelque chose ? J'essaie tout. Faire feu de tout bois. Faire feu de tout livre. Mais attention de ne pas enflammer le papier. Je passe du « bouquinquin » chaud à l'incendie de quartier. J'ai du mal à me suivre. Si je me perds, c'est bien, je ne m'entendrai plus ! Jamais on ne m'avait dit qu'écrire, c'est entendre. Il ne faut rien faire d'autre qu'écouter, et choisir. Sélectionner le mot juste dans tout ce vertige. Traverser à pied la ville bruyante, tout y entendre, pour, au final, ne conserver que les bruits de clés. Comment trier ? On m'aurait dit aussi que composer de la musique, c'est voir, je ne l'aurais pas cru. Je le comprends aujourd'hui.

Il faut regarder la mer, oublier le choc sourd des vagues.

Poser ses notes sur les courants et les reflets.

Les scintillements et les diffractions.

Les brumes sont musicales.

Aller en couple serait idéal. Le musicien qui voit, marchant avec l'écrivain qui écoute. Mais quel musicien accepterait de venir avec moi pour voir sans écouter, tandis que moi j'écouterais la ville tout en parlant ? Je parle tout le temps. Il faut que les mots sortent. Sinon ma tête explose. Je les écris, ou je les dis. Et comme je n'écris pas, je parle. Les phrases me sortent du crâne sous forme d'hémorragie. J'ai déjà noté d'importantes déformations de ma tête. Je me suis réveillé, un matin, le visage gonflé comme une tourte. La nuit, j'y avais accumulé les mots, écrasé des phrases sous ma peau. Le pli du drap avait écrit un S, en guise de titre à cette œuvre convexe, j'imagine. J'aurais aimé lire le poème caché dans ma bosse. Je risque l'AVC littéraire. M'obstruer un vaisseau avec une phrase me pend au nez, si je puis dire. Tout le corps s'engage dans l'écriture, et j'imagine mal la forme qu'il pourrait prendre si je n'écrivais pas : gonflé comme un poulpe, avec une grosse tête molle où viendraient s'accrocher de fins tentacules visqueux ? Entortillé sur moi-même et rentré dans ma coquille, comme un escargot ? Caché, baveux, penaud ! En revanche, que deviendrais-je à bien écrire chaque jour ? Je devrais disparaître, diluant ma chair et mon sang dans la prose ! Me liquéfiant. Me gazéifiant ! Je l'avais écrit un jour.

« Il faut que les phrases arrachées à leur sol nourricier emportent, accrochées au bout de leurs racines, des parts significatives de leur géniteur. »

J'avais bu.

Bref.

Mon corps deviendrait de papier. Je sais la transmutation possible quand je serre la petite Sagan dans ma main. La grande écrivaine, qui ne pesait pas bien lourd à la fin de sa vie, tremble entre mes doigts quand je feuillette ce nouveau corps au grain fin qui la rend si légère et immortelle. Jeune et triste, évidemment, toujours. Je tourne ses pages. Elle me souffle son haleine au visage. Murmure. Cette transformation de l'auteur en son livre de papier est miraculeuse. Réversible. Il lui faut la force et toute la grâce. L'égoïsme. La rage aussi. Une sacrée volonté. Des paquets d'obsessions. Un caractère de cochon. Je sais de quoi je parle. J'en ai constamment une douzaine en pension.

J'ai soif! soif! soif! mais soif!

À part Balzac, y en a pas beaucoup qui mangent. C'est surtout le vin qui plaît. À part Proust qui dort, on se saoule.

Avec Marguerite, on refait le monde. Je suis impressionné par le nombre de bouteilles vides que je découvre chaque matin. Mon éditeur accepterait-il de rembourser mes frais de cuite avec aréopage turbulent d'écrivains morts vivants ? J'y ai laissé tout mon bourgueil. Et ça, rien que pour Marguerite.

Duras préfère le rouge. J'allais la regarder boire, jeune étudiant, rue Jacob. Je me postais devant le café où elle s'était assise, sirotant son ballon et tirant sur sa clope. C'était le temps où l'on fumait dans les cafés. Où les grands écrivains picolaient comme des prolos.

J'ai soif!

L'alcool fait partie du boulot. Il ouvre les perspectives, on peut dire ça comme ça. Il repousse les frontières. Dégage des pans entiers du réel. Fait voir autre chose que ce que l'on voit.

« Voir » n'est pas le mot juste.

« Sentir » conviendrait mieux.

Je préfère « Ressentir ».

Bohumil Hrabal a bu mes bières et presque tout mon blanc. Il me restait un fond de liqueur de mandarine, du quarante-cinq degrés, épais, sucré, un piège à guêpes, la bouteille est vide depuis que Proust a mis le nez dedans.

Je me suis endormi, et parfois je n'avais que de courts instants de réveil, le temps de voir le plafond tourner, le kaléidoscope de l'obscurité me faire monter le vomi aux lèvres.

Proust ne tient pas l'alcool. Trop fragile. Ma mandarine l'a tué. De tous, c'est Marguerite qui tient le mieux la boisson. Elle est très vite ivre mais ne cesse pas de boire pour autant. Elle fait preuve d'une grande ténacité dans la picole. « Démontée, forcément démontée », murmure-t-elle, sa voix rocailleuse résonne dans son verre vide comme dans une tombe, au moment où la prêtresse fortement imbibée s'évade dans les limbes.

Je crois qu'une autre plaque commémorative s'impose, celle-là fixée au-dessus de la porte de la cuisine. « Dans cette cuisine, Marguerite Duras en a pris des sévères. »

En marbre, du même petit format que les plaques vissées sur la façade des maisons. Il y a dix ans que j'ai acheté ici. Le jour où j'ai acquis la bâtisse, j'avais été très impressionné par la plaque qui brillait sur son fronton : « Ici est né Baudelaire. » Nous en avons profité quelque temps, avant que ne naisse le grand poète Victor Hugo, toujours dans cette maison. Puis ce fut le tour de Miró. «Joan Miró, peintre, sculpteur, graveur, est né dans cette maison le 20 avril 1893. » J'ai découvert la plaque sur la façade, un matin, en revenant de la boulangerie où Colette allait acheter ses gâteaux. Beaucoup de gens célèbres sont nés dans cette petite maison. Beaucoup aussi y sont morts. Un jour, toujours en découvrant la plaque par hasard, j'ai appris que Piet Mondrian avait vécu ici pendant vingt ans, que Blaise Cendrars y était mort en 1961, que Jean Cocteau y était mort deux ans plus tard et que Chopin y avait composé ses plus belles valses. À l'époque, j'avais acheté ça pour une bouchée de pain ! Une sacrée affaire, cette baraque. J'ai vu que Pierre et Marie Curie y étaient enterrés, à la cave. À côté de la sépulture de William Thomson, mort en 1907, physicien britannique qui codécouvrit l'« effet Joule-Thomson », lequel consiste en un refroidissement par la détente des gaz, et qui est à l'origine de la notion de température absolue. Enterré dans ma cave ! Je n'en suis pas peu fier. Qui savait où repose le grand savant avant que je n'habite ici ? Personne ! Heureusement que je suis là ! Toujours prêt à ajouter ma pierre au grand édifice du savoir. Ça ne me coûte rien. Les encyclopédies sont pleines de petites pierres ajoutées. « Le nez de Cléopâtre est un doigt de pied. » Moi, je le sais. La reine d'Égypte est enterrée sous le cerisier, dans mon petit jardin. J'ajoute la pierre à l'édifice. Gratuitement. Les encyclopédies sont pleines de pierres ajoutées.

« Cléopâtre n'a pas un grand nez. Elle a un gros nez. Un gros orteil. »

Je n'aurai de cesse de déterrer des vérités pour les ajouter au grand et bel édifice du savoir. Quand j'aurai pondu « La Grande Encyclopédie du tout sur tout », j'irai beaucoup mieux. Et si je suis d'attaque, le dimanche, j'avancerai sur la rédaction du « Grand Livre du rien sur rien ». Je vais peut-être commencer la rédaction de mon œuvre majeure par le second ouvrage, qui ne fait que deux pages, alors que le projet numéro un pèse bien ses trente-trois volumes. Flaubert ouvre son *Dictionnaire des idées reçues* par la lettre A, Abélard, suit aussitôt Abricot, puis Absalon et Absinthe. J'aurais commencé par Absinthe. La terrible liqueur des poètes. Ouvrir une encyclopédie par ce poison des génies, ça aurait de la gueule. Ça donnerait envie. Un jour, une nuit, les deux peut-être, j'ai voulu goûter.

Je ne me souviens de rien.

Comment font les autres pour boire tout ce qu'ils boivent et écrire ce qu'ils écrivent ? Nous mentent-ils sur leurs libations ?

Apollinaire aurait écrit *Alcools* en n'absorbant que de l'eau ? Possible. À bien y regarder, on peut conclure qu'il n'est pas utile d'être complètement ivre pour déposer *Clotilde* sur le papier.

L'anémone et l'ancolie / Ont poussé dans le jardin / Où dort la mélancolie / Entre l'amour et le dédain.

Il faudrait demander l'avis savant d'un spécialiste. Faire venir un expert, comme après un accident de voiture, où la responsabilité de l'alcool serait engagée. Rien qu'à observer l'état de la carrosserie verbale, le scientifique peut conclure si le poète a écrit saoul.

« L'ancolie » sent la tisane à plein nez.

Avis de l'expert.

Je cherche des poux sur la tête des poètes. Et après ? Quand on commet, comme Rimbaud, le *Sonnet du trou du cul*, on doit pouvoir supporter un collègue sourcilleux !

Né à Charleville-Mézières, fils d'un capitaine d'infanterie et d'une paysanne, ça sent la mirabelle dans le biberon. Alors comment a-t-il fait pour accoucher si tôt de cette œuvre magnifique ? En seulement vingt années ! Il aura bu seulement après, au cours de ses nombreux voyages.

Je m'y perds.

L'idée selon laquelle Guillaume Apollinaire tournait au jus d'orange ne doit pas sortir d'ici. Je garde précieusement tous ses recueils, mais jamais je ne l'ai eu, lui, en visite à la maison. Il n'a jamais dormi dans ma baignoire ni traîné, avec d'autres grands poètes maudits, dans mon étroit couloir. Les poètes n'aiment pas se croiser. Même pas une fois, par hasard, je n'aurai vu Verlaine parler avec Arthur Rimbaud.

Alors que Céline, ses vociférations, ses caprices, ses postillons, j'en ai plus que mon content !

J'échangerais bien mon vieux Céline tout hargneux contre un Rimbaud plus rêveur.

Quoique.

Il n'est pas dit que le poète des *Illuminations* soit un gars charmant. Je ne voudrais pas non plus hériter du marchand d'armes qu'il fut à la fin de sa vie. Il ne manquerait plus que ça se mette à tirer dans tous les recoins de la petite bicoque ! Il n'est pas raisonnable de confier un flingue à Duras ! Encore moins à Antonin Artaud ! L'homme qui crie *Là où ça sent la merde ça sent l'être, l'homme aurait très bien pu ne pas chier, mais il a choisi de chier comme il aurait choisi de vivre au lieu de consentir à vivre mort !* ne doit surtout pas être armé. Je n'imagine pas non plus Thomas Bernhard doté d'un fusil. Je me méfie du vieil atrabilaire, il n'aime personne. Une erreur de ma part et c'est le carnage. Tout tient dans mon cerveau cuit et recuit. Le four est chaud. Thermostat 8. 240 degrés la pensée. Cela peut monter jusqu'à 300 degrés la vision nocturne, avec ces petits fours très performants que nous transportons sur nos épaules. Artaud titillait les 800 degrés dans son crâne bouillant, le dramaturge égaré voulait constamment y faire cuire Dieu.

C'est par la chaleur qu'il dégage que peut nous apparaître le sujet. La fréquence infrarouge des coquelicots de Monet. L'infrarouge des aplats noirs de Soulages. « L'infrarouge chez Richard Brautigan ». Bon sujet de baccalauréat. L'incandescence de la braise d'une cigarette dans un mot dit sous le porche d'une maison la nuit. Il faut décrire ce qui est chaud. Ce pourrait être un pain posé sur un comptoir de bar. Le pain chaud exhale son parfum. Un homme penché sur son verre rêve. On voit bien que la chaleur du pain lui allume le cœur. La fille du bistrot passe dans son dos, elle a neuf ans, elle part à l'école. Son estomac est rouge. Elle a peur. Partout, ce ne sont que petits et grands incendies. *Crime et châtiment*, Dostoïevski allume des feux concentriques. La terre flambe et piège les esprits. Raskolnikov se tord par terre. Le juge Porphyre Petrovitch verse de la vodka sur l'âme enflammée de l'assassin pour alimenter le brasier. Il faut manier les fioles avec grande prudence. Composer lentement ses mélanges, sinon boum ! Dostoïevski succombe à une hémorragie en 1881, à l'âge de soixante ans. Je sais ce qui l'a tué, un mot qui ne passait pas aura fait éclater la veine. N'oublions pas Marc Chagall qui n'est rien que chaleur. Et le grand Marcel Aymé, qui allumait des joyeux feux de brindilles en peignant au soleil des juments vertes.

Après les *Je me souviens*, les « Je crois que je me souviens », voici venu le temps des « N'oublions pas », un tantinet plus secs et volontaires. « N'oublions pas *La Jument verte.* » « N'oublions pas les *deux trous rouges au côté droit.* » « N'oublions pas la *mare aux larmes* », d'*Alice au pays des merveilles*, ce sont autant de feux qui ne cessent de rougeoyer sur la colline, la nuit. « N'oublions pas *doukipudonktan* ! » de

Zazie dans le métro, de Raymond Queneau. Étincelles de mots. Flammèches. Escarbilles. Qui sautent des livres et éclairent en réchauffant la vie. Il faut lire *Zazie dans le métro* en prenant le métro. Quel régal! Le jeu en vaut la chandelle, d'être en même temps dedans et en dehors du livre. Cette lecture peut vous attirer les sourires amusés et complices des quelques passagers qui connaissent. Il faut aller jusqu'au bout du jeu de rôle et gueuler: «*Doukipudonktan!*» Espièglerie littéraire. Espièglerie tout court. Fantaisie!

Je vois la fantaisie comme les feuilles qui recouvrent les arbres. Ce sont sur elles que glisse le vent et que la lumière du soleil joue. Il faut augmenter à tout prix le nombre de prises possibles aux mouvements de l'air à travers les branches, pour entendre passer le souffle de la vie. Monter à poil sur les toits. Fêter le beaujolais nouveau avec les fantômes. Ces coups de téléphone orduriers que je passe dans la nuit en font aussi partie. Fantaisie lourde. Il ne faudrait pas pousser le bouchon de la fantaisie trop loin. Van Gogh se tranchant le lobe de l'oreille pour en faire cadeau à une prostituée n'était qu'une drôle de fantaisie sanglante, mais une fantaisie tout de même. Se loger une balle dans le ventre était moins facétieux. Le peintre amputé d'un lobe tirera de cette farce une très belle peinture. Rien ne se perd et tout se transforme. Une oreille pour un tableau! Le jeu en valait la chandelle. L'anecdote aurait manqué à notre histoire espiègle de l'art.

Si je me tranche un doigt de pied, en sortira-t-il un grand texte?

Je connais déjà la réponse. J'aurai un doigt de pied en moins, et pas un feuillet de plus.

D'une simple séance chez le petit coiffeur d'un village de la Côte-d'Or, Colette vous tirera un texte subtil et sensuel, et, qui plus est, écrit par un chat ! Rabelais transformait la merde en or. On en mangerait. On peut dire que lui savait manier magnifiquement l'excès et la fantaisie. *La dive bouteille !* loue-t-il, alors que je m'angoisse sur mes cuites de cochon.

« Mes cuites de cochon ! »

Le titre sonne bien. Peut-être devrais-je écrire une anthologie de mes meilleurs titres ? Au lecteur d'imaginer le livre qui irait avec. C'est moderne. Le roman participatif. Je donne le titre et peut-être aussi le premier mot : « Je... », « Il... », « Pendant... », « Ernest... » C'est peu, mais j'ai vu pire, tout au moins pareil. *Cent ans de solitude*, de Gabriel García Márquez commence par *Bien... David Copperfield*, de Charles Dickens, commence par *Serai-je... Peter Pan* de James M. Barrie par *Tous...* Et *Robinson Crusoé* de Daniel Defoe par *En...* Tous ces débuts de romans majeurs nous donnent : « Je, il, pendant, Ernest, bien, serai-je, tous, en... » Doit-on s'enthousiasmer ou en être profondément déçu ? Si je dis : « Si, l'été, je, la, longtemps... », qui saura reconnaître *L'Attrape-cœurs* de J. D. Salinger, *Vipère au poing* d'Hervé Bazin, *Le Silence de la mer* de Vercors, *Le Rouge et le Noir* de Stendhal, ou bien encore *Monsieur Jadis* d'Antoine Blondin ? Cellules souches peu loquaces.

L'avantage de la peinture est qu'on ne voit pas le début. Quel expert saura déterminer la première touche de pinceau ? Le premier trait de couleur ? Comme on retrouve dans les décombres d'une maison le départ d'incendie. Alors qu'il y a une première note en musique et, en littérature, le premier mot. Le premier sur des milliers d'autres, en file indienne. Au cul de celui qui passe devant, qui ouvre la marche. Le petit courageux. Ou l'inconscient ! *Ayant* sait-il qu'il ouvre la marche aux *Possédés* de Dostoïevski ? Prend-il la mesure du monde terrible qui le suit ? On dirait que *Longtemps* sait qu'il ouvre *À la recherche du temps perdu* et qu'il devine ce qui va suivre. Comme *Majestueux*, premier mot du roman monstre, *Ulysse*, de James Joyce. *Majestueux* sait ce qu'il est ! Mais ce timide *Au*…, qui monte le premier sur l'immense scène de la Bible, sait-il où il met les pieds ? J'avais commencé un roman par « Très… ». Je l'ai arrêté. Un autre roman par « Paul… ». Je l'ai jeté, passé quelques heures au combat et bu quelques litres de vin. Sitôt avais-je écrit « Paul… » qu'une voix me hurlait : « Paul, c'est nul ! » J'entendais des rires. « Ah, ah ! Paul ! Et pourquoi pas Pierre, ou Marcel ? » Difficile de poursuivre.

Dans ce début de roman, Paul, le héros, devait aller acheter le pain. « Acheter le pain ! criaient les voix. Et, surtout, qu'il n'oublie pas le beurre ! » Paul est mort-né. La boulangerie de mon roman n'a même pas eu le temps de lever le rideau de fer que j'en déposais le bilan. Même pas fichu d'écrire « Paul ». Je n'exagère pas, quand je dis que je suis dans la panade. J'ai du mal à choisir. Plus que du mal. J'en suis malade. Paralysé par le doute. Pourquoi telle idée plutôt que telle autre ? Pourquoi tel mot plutôt que tel autre ? Si je choisis « Paul était fatigué », aussitôt je lui préfère « Pierre était médusé ». S'il avait été fatigué par son travail, il se retrouvait aussitôt « médusé par son chien Albert ». Non. Par son chat Max. « Pierre était médusé par son chat Max. » Cela ne menant nulle part, je préférais écrire : « Éléonore marchait seule dans la rue. » Dans les bois. À New York. À Quimper !

Certains auteurs se jettent à l'eau, écrivent le premier mot, la première ligne, et tout le livre suit. D'autres rédigent un plan assez précis. Mieux vaudrait que je travaille comme les seconds. « Mon héros, Kévin, part aux États-Unis pour ouvrir une boulangerie. Il y rencontre Éléonore. Se marie. Ils partent en voyage de noces. Kévin tue sa femme dans le Wisconsin. Il rentre en France et ouvre une boucherie. » Jusque-là tout va bien. Je tiens mon plan. Vient le temps du premier mot, et mes doutes me reprennent. Pourquoi Kévin ? Pourquoi une boulangerie ? Et pourquoi New York ? Une viennoiserie à Moscou sonne bien. Le parfum des croissants. La neige. Je ne connais pas Moscou. Je ne connais pas New York non plus. Alors, une viennoiserie en France. À Montmartre. C'est très connu. Les peintres sur la place du Tertre. L'heure passant et le vin allant, je m'interroge. C'est le moins que puisse faire un auteur ! Mais trop s'interroger tue l'interrogation. On s'en fiche d'une boulangerie à Montmartre ! Pourquoi devrais-je écrire un livre là-dessus ? Je n'y suis pas obligé. Dommage. J'y étais presque.

« Une boulangerie à Montmartre » ferait-il un joli titre ? Je n'en suis pas si sûr. « Une boulangerie ouverte à Montmartre. » Bof ! « La boulangerie de Montmartre est fermée. » Pas mieux. « Une pharmacie au Caire. » Quitte à ouvrir un commerce, je préfère encore Le Caire. Je respire déjà ses parfums envoûtants. Ses parfums de quoi ? D'épices ou de voitures ? Kévin, agent secret, ouvre une pharmacie au Caire. Dans le centre ou bien dans la banlieue ? Moi qui ne connais pas Le Caire, je peux dire que dans le centre ou en banlieue, ça n'est pas du tout pareil, quand on cherche à installer un petit commerce. Et les problèmes sont les mêmes que ce soit au Caire ou à Istanbul, à Tulle, dans le

J'ai soif! soif! soif! mais soif!

Jura ou à Béziers. Le sol sous les livres est instable. Difficile de construire là-dessus. Le cerveau est mou. C'est flagrant quand on mange de la cervelle.

On dit de l'écrivain qu'il est « Dieu », qu'il aurait un droit de vie ou de mort sur ses personnages. Moi, ce sont mes personnages qui ont droit de vie ou de mort sur moi. Ils me font peur. Que je glisse un couteau de boucher dans la main de mon héros et, immédiatement, j'angoisse qu'il ne le retourne contre moi. En fait, ce sont eux qui écrivent ce qui m'arrive, et pas le contraire. D'où ma grande difficulté à les faire agir. Cette pharmacie que Kévin doit ouvrir au Caire, je pressens qu'une nuit sombre, dans une ruelle sombre, je vais m'y faire égorger. Je le sens. Le Caire sent la mort! « Une charcuterie à Étretat », et je me vois déjà précipité du haut de la falaise! Étretat sent la voltige. Signer « Meurtre à Étretat », ce serait tout bonnement passer commande d'une pierre tombale. J'y ferais graver ces mots : « Ici repose... » ou plutôt « Ici dort... » ou bien « Sous cette pierre... », « Il a... », « Dans le... », « Il voulait... », « Il croyait en... », « La vie a... », « Le temps... », « Que de... », « Passe... », « Les os... », « Il voulait... ». J'hésite encore. On verra le moment venu ce que « Il voulait ». Je pourrais faire graver « Il est un autre ». C'est solennel. C'est beau. C'est bien. Ou *Madame Bovary, c'est moi.* Ai-je le droit? Robespierre a fait inscrire comme épitaphe : *Passant, ne pleure pas ma mort, si je vivais, tu serais mort.* En voilà un qui n'avait pas peur des mots!

Rien n'est écrit sur la tombe de Robert Desnos.

Aucun poème n'enlumine la tombe austère de Jacques Prévert.

Tous leurs mots sont restés du côté du vivant.

Morts, ils auront été privés de leur plume, comme j'en suis dépossédé aujourd'hui.

Je serais une sorte de Prévert et de Desnos morts, de mon vivant. Parfaitement incapable comme eux d'écrire. Un temps, j'ai cru n'être qu'un raté, alors que je suis un mort qui va, qui vient. Un pauvre petit écrivain fait de bouts pris aux cadavres d'autres écrivains célèbres et, vaille que vaille, recousus. La tête à Prévert, le bras droit à Desnos, le bras gauche à Vialatte. Les guiboles à Duras, quelle misère ! Je vais à pas lents comme un monstre littéraire, seul et triste, dégoulinant, puant, par les rues. Je fais les bars. Je titube. Je tombe. Je perds des bouts. Le nez de Cervantès dans le café « L'Oued » et la bite à Villon dans les toilettes du square. Dieu des livres, ayez pitié de moi ! Voilà pourquoi je suis assoiffé, j'ai avalé quantité de terre au fond des trous où l'on m'a retrouvé.

Qu'aura dû avaler Mary Shelley, jeune écrivaine de dix-neuf ans, pour livrer son roman *Frankenstein* ? Que cette jeune femme ait su créer pareil monstre est miraculeux. Mary Shelley ! Je crie ton nom ! Il n'y avait rien que du papier blanc, et puis les mots comblent le vide. Un. Plus un. Plus un. Plus un autre mot moins dix. Choisis avec précision. Voilà comment commence le roman de Shelley : *Je suis né à Genève et ma famille est l'une des plus distinguées de cette république.* À ce moment, seule la jeune femme sait qu'un monstre terrible va naître dans les jours qui vont suivre. Ce *Je suis né* cachait un « Il va naître ». J'imagine Mary écrivant la nuit. Penchée sur le bureau. À la lueur de la bougie. La flamme tremble. Elle trace lentement les pleins et les déliés.

Ce fut par une lugubre nuit de novembre que je vis enfin mon œuvre terminée.

J'ai soif! soif! soif! mais soif!

Grain après grain de peau le livre naît. Il y faut de la patience. De l'assurance. La même constance pour mettre au monde un monstre que pour faire se camper devant sa glace la jeune et fine Scarlett O'Hara de seize ans.

Ses seins bien soutenus par le corset étaient fort jolis. Jamais, comme la plupart des jeunes filles de seize ans, il ne lui avait fallu coudre de petites ruches de soie dans la doublure de ses corsages pour leur donner le galbe et la plénitude voulus, dans *Autant en emporte le vent* de Margaret Mitchell.

La même grâce et minutie. Margaret Mitchell penchée sur le reflet de la jeune fille dans la glace. Mary Shelley penchée sur le corps du monstre fait des chairs prises à des morts. Toutes deux assises devant une page de papier blanc, dans la nuit.

L'une écrit : *L'ouragan courut avec rapidité, semblable à une puissante avalanche, produisant dans mes esprits un vent de folie, qui renversait toutes les barrières de la raison et de la réflexion,* pendant que l'autre raconte : *Sa robe grise en organdi, avec sa ceinture cerise, dissimulait sous ses volants et ses fronces la minceur enfantine de son corps et son chapeau jaune aux rubans cerise eux aussi avivait l'éclat de sa peau laiteuse.*

Les deux dames à la tâche. Seules leurs plumes parlent dans le grand silence. Les flammes des bougies font des éclats sur leurs pupilles. Les cheveux de Mary Shelley sont longs et tirés en chignon. Ceux de Margaret Mitchell plus courts et plaqués. Mary joue avec une boucle qui pend sur son front. Margaret tient sa joue dans sa main, avec l'ongle de son petit doigt, elle caresse machinalement sa pommette. Elles écrivent sans s'interrompre. Le sifflement léger de leur respiration répond au chuintement de leur plume. Phrase après phrase, *Frankenstein ou le Prométhée moderne* trouve son corps, *Autant en emporte le vent* son souffle. Mary Shelley ferme les yeux. Réfléchit. Sa plume cesse de courir sur le papier. Puis elle repart. Margaret Mitchell pose un regard périphérique sur les meubles rejetés dans la pénombre, s'arrête sur le feu qui danse dans la cheminée du bureau. Elle cherche ses mots dans les flammes qui s'agitent. Un feu jumeau crépite au creux de ses idées. Elle y jette les phrases mal construites et les mots cassés. L'esprit de Margaret Mitchell rougeoie dans l'obscurité de la pièce.

Il était dix heures du matin. Il faisait chaud pour avril et, à travers les rideaux bleus des larges fenêtres, le soleil doré pénétrait à flots dans la chambre de Scarlett.

Il est minuit, et la jeune femme fait entrer dans son bureau le soleil de Géorgie. Mary Shelley aperçoit *soudain, à une certaine distance, la silhouette d'un homme qui avançait vers moi à une vitesse surhumaine.* Ce n'est pas le soleil de Géorgie qu'elle fait venir à elle mais la créature en furie.

Ni l'une ni l'autre ne trahissent les événements. Un peu plus tard, une contracture des épaules à peine visible fait tressauter Mary quand le monstre franchit des *crevasses de glace.* Le flot des mots coule dans leur bras et jaillit de leur main par la plume. Le corps des deux jeunes femmes tient bon. La contracture invisible de leurs muscles retient contrits les monstres et les soleils. Il leur faut de la force. Elles s'en servent avec grâce. Une veine bleue dans leur cou trahit l'accélération des battements de leur cœur. La lueur du brasier fait naître sur le front une mince pellicule de sueur. Margaret cesse d'écrire et rapproche de ses lèvres une tasse de thé froid. Mary boit un vin pourpre, que le feu attise. Elles s'étirent. Se repenchent sur la page et se remettent au travail.

J'ai soif! soif! soif! mais soif!

Forçats, puissantes, légères, à la peau de porcelaine. L'encre court. Elles ne savent pas encore sur le devenir de leur chef-d'œuvre tout ce que nous en savons nous. Si elles écrivent, c'est par amour de l'écriture. Faire exister sans bruit ce qui n'existait pas. Sans réveiller personne. Sans que rien ne se voie. Pour que vive la vie dans le livre, et que cette vie bien née en sorte et s'ajoute à la vie que la nature crée. Margaret dépose sa plume sur la table, pince la flamme. Mary se penche et souffle la bougie. L'une à Atlanta en 1926, l'autre près de Genève, cent dix ans plus tôt. Les flammes des deux bougies s'éteignent simultanément.

Le noir se fait autour d'elles et chez moi.

Je ne sais plus où je me trouve. Je suis perdu. C'est un état naturel de base que je développe au mieux. Ma maison m'y aide beaucoup. Je descends à la cave et me retrouve dans les combles. Je monte l'escalier qui mène au premier et j'atterris au sous-sol. L'air du palier sent la terre battue et le vin. La bougie. L'encens. À part le caveau de Pierre et Marie Curie, la sépulture de William Thomson, il y a la tombe de Maurits C. Escher, maître en gravure de l'illusion architecturale. Il aura certainement inspiré les dédales sans fin de cette maison tordue où j'habite. Les pièces bougent. La chambre qui était le soir à droite du couloir passe le matin sur la gauche. Je me retrouve dehors sur la pelouse en rentrant dans la salle de bains. J'ai fini par me faire à l'idée de ne jamais savoir vraiment ce qui se trouve derrière mes portes.

Au début, c'était très déstabilisant. Et puis m'est venu le plaisir de me perdre en de si petits espaces. Quand je dis « au début », je ne sais pas vraiment quand se situe ce commencement. Un matin, j'ai ouvert la porte de la cuisine pour entrer dans les toilettes, la porte des toilettes pour aller dans la chambre, c'est en regardant par la fenêtre que j'ai su que le rez-de-chaussée se trouvait au premier, le sous-sol au dernier, de manière transitoire. Les rotations se faisaient sans heurt. Je me vanterais en disant que je sentais les pièces se déplacer, l'étage descendre sous la terre et le sous-sol monter. Je ne percevais aucun grincement, claquement, couinement de câbles, grincement de chaînes ou de poulies. Tout se faisait dans le plus grand silence et la plus grande douceur.

C'est comme ouvrir un livre au hasard, le refermer, l'ouvrir à nouveau et en découvrir le texte. Tout a bougé sans bruit. Le héros qui s'achetait une maison à Londres est maintenant en train de pêcher un crabe dans les îles. La porte qui ouvrait sur Oxford Street ouvre sur une plage des Maldives. Il avait été riche. Il est ruiné. Les cubes ont bougé.

Ma maison est en perpétuel mouvement.

Le temps lui-même n'y est pas uniforme, j'entre dans la cuisine le matin quand, dans la salle de bains, il est déjà le soir. La journée s'épuise juste à traverser le petit couloir. Il fait nuit par la fenêtre de la chambre et le jour brille par celle de la cuisine. Le soleil illumine la façade exposée au sud quand la nuit baigne la cour au nord. Midi. Minuit. Il faut que dans cette tourmente je m'organise. Que je trouve des repères. Pour un temps, boire me calme un peu. Mais le manège s'accélère quand je suis trop saoul. Il faudrait juste trouver dans mon esprit un endroit stable pour m'asseoir et écrire. Un tabouret me suffit, dans le fond du cerveau. Penché sur la feuille de papier, baigné par l'aube de lumière qui passe par le trou des yeux. Je ne serais pas aussi beau que Margaret Mitchell ou Mary Shelley écrivant à la flamme, tant s'en faut ! Sale, hirsute, les pieds nus baignant dans la substance grise. À donner des coups de pied dedans ! Me presser le bulbe pour en tirer un moût de mots. Quand j'écris, je ne suis pas grand-chose, mais, quand je n'écris pas, je ne suis rien. Ouvrez *Cent ans de solitude* de Gabriel García Márquez, n'importe où, par exemple page 85.

Rebecca tressaillit. Elle eut l'impression de se rappeler un rêve et revit son arrivée à la maison, tout enfant, avec sa mallette et le petit fauteuil à bascule en bois, et un étui dont elle ne sut jamais ce qu'il contenait.

On voit tout de suite que García Márquez sait quoi dire ! Et ça n'est qu'une petite partie de la page 85. Qu'on ouvre *Cent ans de solitude* n'importe où, on découvre que Márquez sait toujours quoi dire. Page 167.

Le premier octobre à l'aube, le colonel Aureliano Buendia attaqua Macondo avec mille hommes armés jusqu'aux dents, et la garnison reçut l'ordre de résister jusqu'au bout.

Page 207, il dit autre chose, et page 265, encore autre chose. Il n'y a aucune page dans ce très gros roman où l'auteur laisse un blanc. Des mots et des mots et des millions de mots choisis, un par un, tous visés sans exception et soupesés par l'écrivain. Il faut le temps et la patience. Moi, j'écris « il pleut », je regarde le mot, mais déjà il ne pleut plus. L'averse est courte. Mes mots sont des nuages qui contiennent peu d'eau. J'écris « il pleuvait », et déjà, dans ma tête, il se met à faire beau. Alors j'écris « il fait beau », et le temps commence à se couvrir. Ce n'est pas grave, quand il s'agit de simple météo. Mais quand je fais naître un bébé, le voilà déjà vieux. Un amour, le voilà qui s'enfuit. Un espoir, le voilà qui s'effondre. Tout ce que j'écris se détruit aussitôt. Ce que je crois beau devient laid. Ce que je crois intelligent n'est rien qu'une bêtise. J'écris. J'efface. Je fais naître. Je tue. Je passe ma vie à chercher et à me tromper. Le récit n'avance pas. D'où Jean Giono tirait-il son assurance, sa force et sa précision ? Sur quelle tombe du cimetière de Manosque allait-il s'asseoir pour réfléchir, quand, moi, je me réfugie dans l'obscurité de ma cave, sur le caveau de Pierre et Marie Curie ? Puisse la forte radioactivité émise par le couple rendre mon poème fluorescent ! L'air sent le cramé. Est-ce un début à l'embrasement magnifique de ma prose ? Je me réjouis de griller !

Non.

Je ne suis ni Cervantès ni Márquez.

Ce sont mes raviolis qui brûlent sur la gazinière.

Pauvre petit écrivain minable qui foire ses Panzani ! Peter Handke saurait raconter ça dans « Les Raviolis d'un écrivain ».

« Après une journée entière de concentration sur le vide générateur des formes de l'écriture, l'écrivain se rend dans sa cuisine et fait cramer ses raviolis. »

Chez Gallimard étranger.

Je me hais !

J'ai soif! soif! soif! mais soif!

J'ai remonté une bouteille de la cave. La cuisine est enfumée. Je m'installe à table. Je mange les raviolis brûlés directement dans la casserole. Un petit livre est posé devant moi. *In memoriam* de Paul Léautaud. Un vieux bouquin édité au Mercure de France. Il y a sur la couverture une photo en noir et blanc du bonhomme sur la fin de sa vie, souriant, de profil, on dirait qu'il n'a plus de dents, un chapeau informe sur la tête, dans son jardin. Il est mort en 1956, à Robinson. La présence de ce vieux livre légèrement ivoire me rassure. Il se marie bien avec la casserole cabossée. J'ai l'impression d'avoir fait réchauffer des raviolis pour le vieil écrivain et qu'il rit de voir le piètre résultat. Je l'entends qui pouffe et qui hoquette : « Ce n'est rien ! Ce n'est rien ! Ça ira ! Pour le chat ! » Je pose ma main à plat dessus et caresse son papier doux à gros grains. Ma paume lui réchauffe les os. L'écrivain porte une veste en velours, son col est relevé, il doit faire humide et froid sous l'ombre des grands arbres. Le jardin est vaste. Un chemin passe en arrière-plan, comme en forêt. « Monsieur Léautaud, je vous aime », lui dis-je, comme je le murmure parfois à Duras. Je dis aussi que je l'aime à Sagan. À Yourcenar, je n'ose pas. Léautaud rit de plus belle. Ma déclaration d'amour résonne dans les sous-bois. Un carnet traîne sur la table près du petit livre, avec un stylo. Tout est là. J'éteins la lumière électrique. J'allume une bougie. La lueur de la flamme tremble sur le visage du vieux. Je me sers du vin rubis. Blotti contre le livre, dans ce petit creux du monde, je sirote. L'écrivain fixe je ne sais quoi dans les arbres qui sont devant lui. Il doit raconter au photographe des anecdotes sur son chêne préféré. Paul Léautaud heureux en son jardin me protège. Je ne crains rien. Je saisis le stylo et j'écris sur le carnet.

« Monsieur Léautaud, je vous aime. »

Et si écrire, c'était ça ?

Il faut que j'écrive.

Il ne faut pas que je boive.

Il ne faut pas que je sorte.

Je suis sorti. J'ai bu. Avec qui ai-je dîné ? J'ai des crevettes plein les cheveux.

Dans cet ouvrage ont été reproduites des citations de :

« Requiem pour un con », Serge Gainsbourg, Michel Colombier, 1968 : p. 09.

Jouer du piano ivre comme d'un instrument à percussion jusqu'à ce que les doigts saignent un peu, Charles Bukowski, Grasset, 1992 : p. 09.

Aveux et anathèmes, Emil Cioran, Gallimard, 1986 : p. 09.

Notes de voyages, Gustave Flaubert, FB Éditions, 2015 : p. 09.

Écrire, Marguerite Duras, © Éditions Gallimard, Folio, 1995 : p. 12 (1), 15, 25, 39 (2), 41 (5).

La Mort à Venise, Thomas Mann, Simon Kra, 1925 : p. 12.

L'Amant, Marguerite Duras, Les Éditions de Minuit, 1984 : p. 17.

Préface de Jean-François Bizot *in Contes de la folie ordinaire*, Charles Bukowski, © Éditions Grasset et Fasquelle, 1981 : p. 22.

Alcools, poèmes, 1898-1913, Guillaume Apollinaire, Gallimard, 1961 : p. 23, 88.

Dictionnaire des écrivains contemporains de langue française, Jérôme Garcin (dir.), Éditions Mille et une nuits, 2004 : p. 27.

Ce que je suis en réalité demeure inconnu. Lettres (1897-1941), Virginia Woolf, « Points », Éditions du Seuil, 2010 : p. 29.

Le Vin des rues, Robert Giraud, Stock, 2009 : p. 30 (1).

Je me souviens, Georges Perec, Hachette Littérature, 1978 © Librairie Arthème Fayard, 2010 : p. 30 (2), 31, 63.

Le Livre de ma mère, Albert Cohen, © Éditions Gallimard, 1954 : p. 32 (1), 44, 45.

« Le Dormeur du val », *Poésies*, Arthur Rimbaud, Flammarion, 1989 : p. 32 (2).

Pour un nouveau roman, Alain Robbe-Grillet, © 1963-2013 by Les Éditions de Minuit : p. 35, 36 (1 et 3).

Le Dernier des métiers : entretiens (1962-1991), Marguerite Duras, Marguerite Bogaert, © Éditions du Seuil, 2016 : p. 36 (2), 37 (1), 40 (1).

Nouvelles orientales, Marguerite Yourcenar, Gallimard, 1938 : p. 37 (2).

À la recherche du temps perdu, tome I, *Du côté de chez Swann*, Marcel Proust, Grasset, 1914 : p. 37 (3), 40 (3), 42 (2), 43 (1), 81, 86.

C'est tout, Marguerite Duras, © P.O.L Éditeur, 1999 : p. 38, 39 (1), 40 (4), 43.

Le Style contre les idées : Rabelais, Zola, Sartre et les autres, Louis-Ferdinand Céline, Éditions Complexe, 1987 : p. 41 (1 et 6), 75.

Féerie pour une autre fois, Louis-Ferdinand Céline, Gallimard, 1952 : p. 41 (2).

Guignol's band, Louis-Ferdinand Céline, Gallimard, 1972 : p. 41 (3 et 4).

Le Quai des brumes, Pierre Mac Orlan, Gallimard, collection « Blanche », 1927 : p. 51.

Le Savon, Francis Ponge, © Éditions Gallimard, 1967 : p. 54.

Zadig ou la Destinée, Voltaire, 1747 : p. 55.

Les Rêveries d'un promeneur solitaire, Jean-Jacques Rousseau, 1782 : p. 56.

« Lettre à Louise Colet », Gustave Flaubert, 16 janvier 1852 : p. 58.

« Kiosque à journaux », Édith Piaf, Michel Rivgauche, Claude Léveillée, 1960 : p. 59.

Journal du voleur, Jean Genet, Gallimard, 1949 : p. 64 (1).

Madame Bovary, Gustave Flaubert, Michel Lévy frères, 1857 : p. 64 (2).

Un roi sans divertissement, Jean Giono, Gallimard, 1947 : p. 67.

Souvenirs de la maison des morts, Fiodor Dostoïevski, Plon, 1886 : p. 70.

Cinq Nô modernes, Yukio Mishima, Gallimard, 1984 : p. 71.

Gatsby, le Magnifique, Francis Scott Fitzgerald, Simon Kra, 1926 : p. 72.

« Clair de lune », *Fêtes galantes*, Paul Verlaine, A. Lemerre, 1869 : p. 79 (1).

« Sub Urbe », *Poèmes saturniens*, Paul Verlaine, A. Lemerre, 1866 : p. 79 (2).

« La Recherche de la fécalité », *Pour en finir avec le jugement de Dieu*, Antonin Artaud, Gallimard, 1947 : p. 89.

Frankenstein ou le Prométhée moderne, Mary Shelley, Corréard, 1821 : p. 97, 97 (2), 98 (2 et 3).

Autant en emporte le vent, Margaret Mitchell, traduit de l'anglais par Pierre-François Caillé, © Éditions Gallimard, 1938 : p. 97 (1 et 3), 99 (1).

Cent ans de solitude, Gabriel García Márquez, traduit de l'espagnol par Claude et Carmen Durand, © Éditions du Seuil, 1968, pour la traduction française, Points, 1995 : p. 101.

DU MÊME AUTEUR

Merci Bernard, en collaboration, Balland, 1984.
Autopsie d'un nain, roman, Ramsay, 1987.
Brèves de comptoir, Michel Lafon, 1987-1988-1989-1990-1991-1992-1993-1994-1995-1996-1997-1998.
Tue-tête, roman, Bernard Barrault, 1989.
Palace, en collaboration, Actes Sud, 1989.
La Carte des vins, roman, Michel Lafon, 1991.
Dix Mille Brèves de comptoir, tome 1, Michel Lafon, 1993.
Vous me croirez si vous voulez, biographie du Professeur Choron, Flammarion, 1993.
Les Coccinelles de l'Etna, roman, Gallimard, 1994.
Dix Mille Brèves de comptoir, tome 2, Michel Lafon, 1995.
Chiens de comptoir, peintures de Blandine Jeanroy, Michel Lafon, 1996.
Chut !, roman, 1998 (prix Eugène-Dabit du roman populiste ; prix Alexandre-Vialatte ; prix Bacchus).
L'Eau des fleurs, roman, Julliard, 1999.
Brèves de comptoir, théâtre, Actes Sud-Papiers, 1999 (grand prix de l'Humour noir)
Les Nouvelles Brèves de comptoir, théâtre, 1999 (grand prix de l'Académie française du jeune théâtre 2000 ; grand prix de l'Humour noir).
Brèves de comptoir 2000, Robert Laffont, 2000.
Chats de cuisine, peintures de Blandine Jeanroy, Julliard, 2000.
Brèves de comptoir, texte intégral, tomes 1 et 2, collection « Bouquins », Robert Laffont, 2002.
Apnée, roman, Julliard, 2005.
Alice dans les livres, roman, Julliard, 2006.
Brèves de comptoir, l'anniversaire !, Robert Laffont, 2007.
Les Nouvelles Brèves de comptoir, tome 1, Robert Laffont, 2008.
Les Nouvelles Brèves de comptoir, tome 2, Robert Laffont, 2009.
Brèves de comptoir, théâtre, « Une journée, une semaine, une année », Actes Sud-Papiers, 2010.
Sex Toy, roman, Julliard, 2012.
Brèves de comptoir, texte intégral, tome 3, collection « Bouquins », Robert Laffont, 2013.
Le Grand Café des brèves de comptoir, Robert Laffont, 2013.
Haïkus de mes comptoirs, poèmes, Le Castor astral, 2014.
Le Petit Troquet des brèves de comptoir, Robert Laffont, 2015.

L'arbre qui donna le bois dont on fit Pinocchio, roman, collection « Papillon », Julliard, 2016.
Interview d'une vache et scandale au palais, roman, collection « Papillon », Julliard, 2016, prix Jules-Renard 2017.
Le Fabuleux Départ en Laponie de la famille Zoiseaux, roman, collection « Papillon », Julliard, 2017.
Les mains de Selim sur le corps du Christ en croix, roman, collection « Papillon », Julliard, 2017.
La Baleine du lac d'Annecy, roman, collection « Papillon », Julliard, 2018.

AU THÉÂTRE

Brèves de comptoir, « Une journée », ont été créées le 23 août 1994 au théâtre Tristan-Bernard, direction Edy Saiovici, mise en scène de Jean-Michel Ribes.
Les Nouvelles Brèves de comptoir, « Une année », ont été créées le 15 septembre 1999 au théâtre Fontaine, direction Dominique Deschamps, mise en scène de Jean-Michel Ribes.
Les Nouvelles Brèves de comptoir, « Une semaine », ont été créées le 9 mars 2010 au théâtre du Rond-Point, mise en scène de Jean-Michel Ribes.
Les Cantiques de bistrot, d'après les *Brèves de comptoir*, ont été créés en 2004 à La Péniche-Opéra, opéra-comique, musique de Vincent Bouchot, direction et mise en scène de Mireille Laroche.
Rita, elle est pas belle la vie ?, d'après les *Brèves de comptoir*, a été créée le 10 janvier 2012 à La Péniche-Opéra, opéra-comique, musique de Gaetano Donizetti et Vincent Bouchot, direction et mise en scène de Mireille Laroche.